Hermannus Alexander Albrecht

Das englische Kindertheater

Hermannus Alexander Albrecht

Das englische Kindertheater

ISBN/EAN: 9783743460201

Hergestellt in Europa, USA, Kanada, Australien, Japan

Cover: Foto ©Thomas Meinert / pixelio.de

Manufactured and distributed by brebook publishing software (www.brebook.com)

Hermannus Alexander Albrecht

Das englische Kindertheater

DAS
ENGLISCHE KINDERTHEATER.

INAUGURAL-DISSERTATION

VERFASST UND

DER PHILOSOPHISCHEN FACULTÄT

DER VEREINIGTEN

FRIEDRICHS-UNIVERSITÄT HALLE-WITTENBERG

ZUR

ERLANGUNG DER DOCTORWÜRDE

VORGELEGT VON

A. ALBRECHT
AUS ZITZ.

HALLE a. S.
BUCHDRUCKEREI DES WAISENHAUSES.
1883.

Das englische Kindertheater.

I.
Das kirchliche Kindertheater.

Wie Drama und Theater im Allgemeinen kirchlichen Ursprungs sind, so ist auch das englische Kindertheater ein Ausfluss des katholischen Cultus. Für die von jeglichem öffentlichen Kirchendienst ausgeschlossenen weiblichen Personen nämlich, welche man dem zur Verherrlichung des Gottesdienstes von jeher gepflegten geistlichen Chorgesang gern dienstbar gemacht hätte, suchte und fand die Geistlichkeit einen Ersatz in Knaben. Solche, ursprünglich zu Priestern bestimmt, wurden daher seit den ersten Jahrhunderten des Christenthums in eigenen Kathedralschulen von der Geistlichkeit, ausser in wissenschaftlichen, für ihren späteren Beruf nothwendigen Dingen, besonders in der Gesangeskunst unterwiesen, welche dem Chordienste zu Statten kommen sollte.[1] Die erste Schule dieser Art wurde um 590 durch den Papst Gregor den Grossen zu Rom errichtet,[2] von wo aus, wie wir von Bona erfahren, *„eadem institutio ad reliquas civitates propagata est."*[3] In England

---

1) Joannes Bona: Opera omnia. 1677. Liber I: Rerum Liturgicarum Cap. XV: *„Cum in cantu ecclesiastico et clericalis disciplinae vigor, et christianae religionis sacrarum functionum majestas maxime eluceat, Romani pontifices et aliarum Ecclesiarum antistites curarunt, ut Clerici a teneris annis canendi regulas ediscerent, dato eis magistro, qui, ut scite loquitur Tertullianus* (lib. de Pallio, cap. ult.) *primus esset informator litterarum et primus edomator vocis."*

2) Joannes Diaconus: Acta Sanctorum. VII, p. 149 (Vita Sancti Gregorii Papae) und J. Millard: Historical Notices of the Office of Choristers. 1848. p. 6.

3) Wie oben.

führte der eigens zu diesem Behufe von Rom durch den Papst Agatho gesandte Vorsänger von St. Peter Gesangespflege ein, welche denn auch bald eine so grosse Verbreitung fand, dass aller Orten zu Kirchen gehörige Singeschulen entstanden, in welchen Knaben behufs ihrer Verwendung für den Chordienst Unterricht im Gesange erhielten.[1] Das Beispiel einer solchen Anstalt führt uns Millard in der im Innern der Kirche als eigenes Zimmer befindlichen Schule von Durham Cathedral vor, in der sechs Knaben gelehrt wurden „*to sing for the maintenance of God's service in the Abbey Church.*"[2]

Der unausgesetzte Verkehr, welcher in Folge des von der Geistlichkeit geleiteten Unterrichts der Chorknaben und der regen Thätigkeit beider im Chordienst zwischen Lehrern und Schülern begründet wurde, drängt uns die Vermuthung der Theilnahme dieser an den bei allen Kirchenfesten von jenen zur handgreiflichen Belehrung des Volkes in biblischen Dingen aufgeführten Mysterien von selbst auf, eine Vermuthung, die durch die Aussage des Bischofs Peter Urbeveranus, wonach die Singeschulen den hauptsächlichsten Kirchenfesten zu folgen pflegten, den Grad der Gewissheit annimmt.[3] Wir sind daher zur Annahme der Mitwirkung seitens der Chorknaben bei der Aufführung der durch Fitz-Stephen in kurzen Zügen charakterisirten Mirakelspiele um so eher berechtigt,[4] als diese, als Erzeugnisse aus der Kindheit des Dramas von der allerprimitivesten Art und kaum mehr als lebende Bilder, eine sicherlich nur geringe Schauspielergabe erforderten. Der nach kurzer Zeit aus der wachsenden Anzahl der Rollen hervorgehende Be-

---

1) Beda: Libri quinque Historiae Ecclesiasticae gentis Anglorum. 1587. Lib. II. Cap. 20.
2) Millard: Historical Notices etc.; p. 17.
3) Bona, wie oben.
4) Fitz-Stephen: Descriptio Nobilissimae civitatis Lundoniae. Cap. de Ludis: „*Lundonia pro spectaculis theatralibus, pro ludis scenicis, ludos habet sanctiores, repraesentationes miraculorum, quae sancti confessores operati sunt, seu repraesentationes passionum, quibus claruit constantia martyrum.*" Stow: Survay of London. 1598. p. 480.

darf einer grösseren Menge von Schauspielern, besonders der Bedarf an Darstellern weiblicher Rollen, welche die englische Prüderie bekanntlich bis ins XVII. Jahrhundert in die Hände von Knaben oder Jünglingen legte, war für die Geistlichkeit endlich noch ein Grund mehr, Chorknaben bei den an bestimmten Heiligen-Festen stattfindenden Aufführungen als Schauspieler zu verwerthen.

Einen höheren Aufschwung gab dem so entstandenen kirchlichen Kindertheater das von den Kirchenautoritäten erlassene Verbot der Darstellung von Mysterien oder Mirakelspielen durch die Geistlichkeit selbst.[1] Die mit Ausgelassenheiten aller Art versetzten theatralischen Aufführungen der letzteren, von der es heisst, dass sie in Frankreich und demgemäss auch in England, besonders am Narrenfeste um Weihnachten herum, in Masken und antiken Gewändern tanzte und *„plusieurs mocqueries, spectacles publics, de leurs corps deguisements, farces, rigmereis"*[2] zur Schau brachte, mussten den Geist zunehmender Civilisation verletzen. Die vollständige Inhibirung dieser Aufführungen, welche das Volk leidenschaftlich liebte, hätte nun dem Einfluss der Geistlichkeit auf dasselbe einen entschiedenen Abbruch gethan. Wollte sie daher diese drohende Gefahr von sich abwenden, so musste sie sich in der Darstellung der Mirakelspiele durch solche Laien vertreten lassen, welche durch gemeinsame Interessen mit ihr verbunden waren. Nichts lag näher, als den ihr zur Seite stehenden Chor zu schauspielerischen Zwecken zu benutzen. Fast scheint es jedoch, als habe die in Deutschland vorherrschende Idee, die Leitung theatralischer Lustbarkeiten der oben erwähnten Art sei in den Händen nicht blos der Geistlichkeit, sondern auch der erwachsenen Laien unstatthaft,[3] auch in England festen

---

1) In England fand dieses Verbot um 1390 statt. Vergl. Joseph Strutt: Sports and Pastimes of the People of England. 1801. Lib. IV, p. 258.

2) Thom. Warton: History of English Poetry, ed. C. Hazlitt. 1871. II, p. 228.

3) Nach Dr. Hall's *„Triumphs of Rome over despised Protestancy."* 1667, p. 21 f. gestattet ein gegen Ende des dreizehnten Jahrhunderts stattfindendes Concil zu Salzburg theatralische Aufführungen an den zu Ehren

Fuss gefasst. Zum Mindesten scheint es ziemlich sicher, dass die Chorknaben, deren kindliches Alter kindische Ausgelassenheiten weniger anstösslich erscheinen lässt, längere Zeit hindurch die einzigen Darsteller theatralischer Ceremonien waren, um nicht zu sagen von Mysterien und Mirakeln, die zu ihrer ursprünglichen Geltung wohl erst dann wieder kamen, als der Geist der Zeit die Verwendung auch der erwachsenen Mitglieder des Chores im Dienste der Schauspielkunst von Neuem gestattete. So verhiess das den Chorknaben allein zugestandene Recht schauspielerischer Thätigkeit dem kirchlichen Kindertheater einen kräftigen Impuls. Die Entwicklung desselben machte in der That einen erheblichen Fortschritt durch die den Chorknaben allein übertragene Leitung des kirchlichen Theaters an Heiligen-Festen, besonders am *„Feast of Fools"*, welches unter dem Namen *„Feast of the Boy-Bishop"* wieder belebt wurde und das Volk um die Weihnachtszeit in Aufregung erhielt.

Viele der im Kirchenkalender verzeichneten Feste sind ausserordentlich hohen Alters, und einige der mit ihnen verbundenen Sitten und Gebräuche so dunkeln Ursprunges, dass eine befriedigende Erklärung derselben kaum erwartet werden kann. Auch über dem Fest des Knabenbischofs, das wie das Narrenfest (Festum Fatuorum, Festum Stultorum, Libertas Decembrica)[1] seinen Ursprung in den römischen Saturnalien hat, an welchen die Herren ihre Stellung mit der ihrer Diener vertauschten und diesen ihre Titel zuertheilten,[2] schwebte lange Zeit ein undurchdringliches Dunkel, das sich erst lichtete durch die von John Gregory, Kaplan von Christ Church in Oxford, über diesen Gegenstand angestellten Forschungen, welche jenes Fest vor vollständiger Vergessenheit bewahrten.[3] Die Anregung dazu

---

von Heiligen gefeierten Festen nur in dem Falle, dass *„parvi sedecim annorum et infra ludos exercent."*

1) Hampson: Medii Aevi Calendarium. 1841. p. 78.
2) Strutt: Sports and Pastimes etc. Lib. IV, p. 256.
3) Gregorii *„Posthuma"* or *„Certain learned Tracts"*. 1649. p. 95 bis 123: Episcopus Puerorum in Die Innocentium or A Discoverie of an

gab jenem Gelehrten die von ihm selbst in der Kathedrale von Sarum gemachte Entdeckung eines Steindenkmals, das einen kleinen Knaben, der, den Bischofsstab in der Hand, die Bischofsmütze auf dem Haupte, auch im Uebrigen wie ein Bischof gekleidet ist, liegend darstellt. Ein in den alten Statuten der Kathedrale befindlicher, „*De episcopo Choristarum*" betitelter Artikel verwies ihn an das Sarum-Processionale, woraus er eine hinreichende Kenntniss über den seltsamen Gegenstand seiner Entdeckung schöpfte.

In jedem Jahre pflegten nämlich die Chorknaben dieser Kirche das Fest der Unschuldigen oder den Tag des heiligen Nicolas zu feiern, der, von zartester Kindheit an mit der strahlendsten Tugend ausgestattet, von jeher als Schutzpatron der Schüler und der Jugend überhaupt verehrt wurde.

An den diesem Heiligen zu Ehren veranstalteten Festen nun, welche besonders um die Weihnachtszeit mit aussergewöhnlichem Glanze vor sich gingen, wählten die Chorknaben aus ihrer Mitte einen Bischof. Nachdem man ihm die bischöflichen Kleider angelegt hatte, begleiteten ihn seine Altersgenossen ebenso wie die Geistlichen, von welchen er einen kirchlichen Gehorsam forderte, in feierlicher Procession zur Kirche. Dort bestieg er die Kanzel, predigte und leitete überhaupt, um es kurz zu sagen, mit Ausnahme der Messe, den ganzen Gottesdienst. Im Falle seines Todes im Monate seiner Bischofswürde wurde er, wie andere Bischöfe, mit all seinem Kleiderschmuck begraben, wie es uns das schon besprochene Steindenkmal in der That zeigt.

Gewöhnte nun schon die Eigenschaft als Führer eines mit theatralischem Schaugepränge eingeleiteten Festes die Chorknaben an Sicherheit des Auftretens vor einem grossen Publikum, so waren die den zweiten Theil der Festlichkeit begleitenden, durchaus weltlichen Vergnügungen um so mehr dazu angethan, sie in die Kunst schauspielerischer Darstellung einzuführen. Die von Rimbault aus dem Nachlass J. Gough Nichols' veröffentlichte Abschrift eines York Com-

---

Antient Custom in the Church of Sarum, making an Anniversarie Bishop among the Choristers.

putus von 1396 berichtet, dass die jugendliche Gesellschaft während der nächsten Tage in Stadt und Land umherstreifte und mit Gesang von Haus zu Haus, von Kloster zu Kloster zog, um sich durch erbetene Geldunterstützungen eine würdige Fortsetzung der Feier zu sichern.[1] Dieses Umherstreifen der Kinder, welches die Statuten der Kirche von Mary Ottery ausdrücklich verbieten,[2] war ausserdem von Unterhaltungen höchst weltlicher Natur begleitet. So erzählt uns Dr. George Hall, Bischof von Chester, dass die Kinder gewohnt waren *„to be led, with songs and dances, from house to house"*, dass *„they gave themselves liberty to go up and down the country and make themselves jesters and buffoons in great men's houses."*[3] Edward III. wieder gab eine Belohnung *„Episcopo Puerorum Ecclesiae de Andewerp cantanti coram domino rege in camera sua in festo Sanctorum Innocentium."*[4] Nach einem von Warton aufgefundenen Accompt-roll vom Jahre 1441 über St. Swithin's Cathedral Priory zu Winchester, führten die als Mädchen verkleideten Chorknaben des Klosters im Verein mit denen der Kapelle der heiligen Elisabeth, in der Aula des Klosters, vor der Aebtissin und den Nonnen am Tage der Unschuldigen von Gesang und Tanz begleitete Spiele auf,[5] und das Bruchstück eines Accompt des Kellermeisters von Hyde Abbey zu Winchester erwähnt unter dem Jahre 1490 die *„larvi et alia indumenta Puerorum, in festo Sancti Nicholai."*[6]

Gesänge also, Tänze und Verkleidungsscherze, mit einem Wort, theatralische Lustbarkeiten ähnlicher Art, wie die Geistlichkeit sie früher beim Narrenfeste aufzuführen pflegte, bildeten den vorwiegenden Theil auch des Knabenbischofs-Festes. Zwar sind wir nicht im Stande, für die

---

1) Nichols: Two sermons preached by the Boy-Bishop, etc. with an Introduction giving an Account of the Boy-Bishop in England, ed. by E. Fr. Rimbault. 1847. Vol. VII. of the Camden Miscellany; p. XI f.
2) Warton: H. E. P. II, p. 229.
3) „*Triumphs of Rome*" etc. p. 21, f.
4) Warton: H. E. P. II, p. 229.
5) ibid.; p. 231.
6) ibid.; p. 232.

Aufführung auch von Mysterien und Mirakeln durch Knaben einen Beweis ausfindig zu machen; ganz abgesehen jedoch davon, dass die an diesem Feste durch französische Chorknaben in Frankreich zur Schau gebrachten „*Moralities and shews of Miracles with farces and other sports [but compatible with decorum*"][1] kaum daran zweifeln lassen, so ist sicherlich nicht zu leugnen, dass schon durch Aufführungen der erwähnten Art das schauspielerische Geschick der englischen Chorknaben gefördert wurde, vor Allem aber, dass die für längere Zeit ihnen allein übertragene Leitung des kirchlichen Theaters, wenn wir es so nennen dürfen, überhaupt, und die daraus hervorgehende Selbstständigkeit des kirchlichen Kindertheaters im Besonderen, einen entschiedenen Fortschritt in der Entwicklung desselben bedeutete.

Eine Beschleunigung dieser seiner Entwicklung gab dem kirchlichen Kindertheater das etwa um die Mitte des vierzehnten Jahrhunderts fallende Auftreten wandernder Schauspielertruppen, welche durch Darstellung biblischer Stoffe dem Ansehn der Geistlichkeit zu schaden drohten. Wollte sich diese daher ihren Einfluss auf das Volk nicht verkümmern lassen, so musste sie zur Verwendung von Chorknaben auch bei der Darstellung von Mysterien und Mirakeln schreiten.

Die Chorknaben von St. Paul's waren in der That um Weihnachten 1378 vorbereitet worden, die „*History of the Old Testament*" darzustellen.[2] Ueberhaupt scheinen Aufführungen von Mysterien durch Chorknaben nicht mehr sehr selten. Nach den Accompts von Maxtoke Priory nahe bei Coventry, führten die Chorknaben dieses Klosters wahrscheinlich in jedem Jahre, am Feste der Reinigung, in der Halle des benachbarten Schlosses eines Lord Clinton, ein

---

1) Warton: H. E. P. II, p. 228.
2) Das bezeugt eine von den Chorknaben von St. Paul's an König Richard II. gerichtete Bittschrift, des Inhalts, eine Gesellschaft unwissender und unerfahrener Personen an der Aufführung besagter Mysterie, deren Vorbereitung der Geistlichkeit grosse Summen gekostet hätte, zu hindern. — Warton. H. E. P. III, p. 312.

Mirakelspiel auf, wofür sie ein Frühstück im Werthe von vierzehn pence erhielten.¹ Im Jahre 1487 endlich führten die Chorknaben von Hyde Abbey und St. Swithin's Priory, im Schlosse von Winchester, an einem Sonntage vor Heinrich VII. „*Christ's Descent into Hell*" auf, ein Mirakelspiel, das uns leider nicht erhalten geblieben ist.²

Das Kindertheater hatte sich somit zu einer Höhe emporgeschwungen, welche es, so lange das Drama geistlich war, überhaupt nur erreichen konnte. Die Auflösung seiner ursprünglichen Verbindung mit dem kirchlichen Theater der Geistlichkeit und der erwachsenen Mitglieder des Chores begründete in seiner alleinigen Autorisirung durch Bestätigung des Knabenbischofs-Festes und Abschaffung des Narrenfestes seine Selbstständigkeit. In dieser gelangte das kirchliche Kindertheater von der Aufführung einfacher durch Gesang und Tanz begleiteter Verkleidungsscherze zur scenischen Aufführung von Mysterien und Mirakeln.

Das Drama jedoch, welches innerlich wie äusserlich rastlos seiner Verweltlichung zustrebte, ging, den Händen der Geistlichkeit entrissen, aus dem Innern der Kirche wie den Vorplätzen derselben verdrängt, über in die Pflege von Zünften und den sich von diesen loslösenden umherwandernden Schauspielertruppen.³ Mochte es hier nun auch am rechten Orte sein, um durch Aufnahme weltlicher Elemente seinem Ziele näher zu rücken, dem geringen Bildungsgrade der Zünfte fehlte doch Eins, der formgebende Stempel. Wollte das Drama daher ausser in seinem Inhalt, auch in der Entwicklung seiner Form vorwärts schreiten, so musste es sich einem Prozesse der Abklärung und Reinigung unterziehen. Daher wendete sich dasselbe, es ging über in die Pflege der höher gebildeten Hofkreise einerseits und der für unseren Zweck allerdings weniger in Betracht kommenden gelehrten Schulen andererseits. Das Theater folgt nun naturgemäss dem Entwicklungsgange des Dramas, das

---

1) ibid.
2) ibid. III, p. 310.
3) K. Elze: William Shakespeare. 1876. S. 231 f.

englische Kindertheater, welches bei den Mirakelspielen der Zünfte wohl kaum mehr als etwa in der Darstellung weiblicher Rollen repräsentirt war, musste daher aus dem geistlichen Kreise in den höfischen übergehen, das kirchliche Kindertheater musste sich in das höfische verwandeln.

II.
Das höfische Kindertheater.

Während der Blüthe des kirchlichen Theaters konnten die Regenten Englands ihre Schaulust nicht so leicht befriedigen als das gewöhnliche Volk. Ohne Zweifel kannte das letztere den rücksichtsvollen Anstand unserer Zeit noch zu wenig, um es ersteren zu ermöglichen, Vorstellungen wie denen von Paul's beizuwohnen, ohne dass in irgend einer Weise eine Verletzung ihrer Würde für sie zu befürchten gewesen wäre. Konnten nun aber einmal die ihnen während ihrer Reisen im Lande durch die Chorknaben verschiedener Klöster gebotenen theatralischen Genüsse ihrer erwachenden Leidenschaft für scenische Aufführungen nicht vollauf Genüge thun, musste andererseits das Unbequeme und vielleicht auch Kostspielige einer öfteren Berufung solcher Knaben an den Hof während der Festlichkeiten sich mit der Zeit auch fühlbar machen, so lag eigentlich für den Hof nichts näher, als dem ihm von Kirchen und Klöstern gegebenen Beispiel zu folgen und den Chor der eigenen Kapelle für theatralische Dienste zu verwenden. Die Ausführung dieses Vorhabens bot um so geringere Schwierigkeiten, als der Chor der Chapel Royal bezüglich seiner Mitgliederzahl wohl selbst dem von Paul's kaum nachstand. Nach dem „Liber Niger", einem Haushaltsbuch König Edwards IV., zählte er nicht weniger als 32 Sänger, 24 Erwachsene und 8 Kinder.[1]

---

[1] Liber Niger Domus Regis Angliae in den Harleian M. S. S. (Br. Museum) No. 293, 610 und 642. In No. 642 p. 64ᵇ. Vergl. ,,*The Old Cheque Book, or Book of Remembrances of the Chapel Royal, from 1561 to*

Beide standen unter besonderen Leitern, die ersteren unter dem Dekan der Kapelle, die letzteren unter einem Gesangmeister oder Master of the Children, welcher, wie der ihrem ersten uns bekannten Leiter Henry Abingdon 1482 folgende Gilbert Banestre, für die „*exhibition, instruction and governaunce of the children of the Chappelle*" einen jährlichen Gehalt von vierzig Mark bezog.[1]

Ausser für den Dienst in der Kapelle wurden diese Kinder zu besonderen privaten Gesangaufführungen zur Erheiterung des Regenten herbeigezogen. Solche Gesangaufführungen, nicht blos bei Hofe, sondern auch auf Reisen, wohin sechs der Kinder Eduard IV. unter ihrem Musikdirector zu folgen hatten,[2] vielleicht auch wirkliche schauspielerische Thätigkeit schon in dieser Zeit,[3] erwarben ihnen die Gunst des Königs in dem Masse, dass er ihnen neben freier Station und Wohnung den ungewöhnlich hohen jährlichen Lohn von £ 80 bewilligte; ja, den Musik liebenden Richard III. berührte der Mangel an singenden Kindern in der Kapelle so empfindlich, dass er einfach zum Presssysteme griff und John Melyoneck, einem der Gentlemen of the Chapel, einschärfte, mit guter Stimme begabte Kinder zu pressen, wo immer er sie finden könnte, „*within all places in this our realme, as well Cathedral-Churches, colleges, chappells, houses of religion, and all other franchised and exempt places, as elliswhere, our College Royal at Wyndesor reserved and except.*"[4]

Waren nun auch, wie dieser Erlass klar ausspricht, die Knaben des königlichen Windsor-College vor gewaltsamer

---

1744. *ed. from the Original M. S. preserved among the Muniments of the Chapel Royal, St. James's Palace, by E. F. Rimbault. London 1872 (for the Camden Society).*" Siehe Introduction.

1) Harl. M. S. No. 642 p. 124 f. Vergl. F. J. Furnivall: The Babees Book, published for the Early English Text Society. 1868. p. LXXVI.

2) Harl. M. S. No. 642 p. 124 f.

3) Das von G. Banestre verfasste „*Miracle of St. Thomas*" ist, wenn überhaupt, vermuthlich durch die Kinder der Kapelle aufgeführt, als dieselben unter seiner Leitung standen. — Warton: H. E. P. III, p. 132.

4) Harl. M. S. No. 433. — Collier: The History of English Dramatic Poetry. 1879. I, p. 41.

Ueberführung in die Chapel Royal bewahrt, so waren sie damit sicherlich nicht frei von Dienstleistung für den König. Der Befehl, sie zu schonen, barg ohne Zweifel den Hintergedanken ihrer Verwendung für die Schlosskapelle von Windsor sowohl als zur Erheiterung des Königs zur Zeit seines dortigen Aufenthalts. Zugleich liefert übrigens diese Erwähnung der Kinder von Windsor den Beweis für den zeitlichen Vorrang derselben vor den später auftauchenden Children of Westminster.

Dass wir bisher selbst die Kinder der Chapel Royal noch mit keiner Silbe als Schauspieler erwähnt gefunden haben, kann nicht Wunder nehmen. Das höfische Kindertheater konnte natürlich erst dann beginnen, als das Drama in der That seinen Eingang zum Hofe gefunden hatte. Als Hofdichter durch ihre dramatischen Schöpfungen, durch die aus den Mirakeln sich entwickelnden Moralitäten einerseits und durch die eine Gruppe für sich bildenden Interludes andererseits, wie ein Skelton durch seinen „*Necromancer*" oder später durch sein „*Magnificence*",[1] zu der Bildung einer besonderen Hoftheatertruppe, der sogenannten „*Players of Inderludes*" Veranlassung gegeben hatten,[2] da sehen wir endlich auch ein wirkliches höfisches Kindertheater sich Bahn brechen. Zu Statten kam der Förderung seiner Entwicklung vor Allem die sich stets gleichbleibende Gunst der Herrscher, welche es sich angelegen sein liessen, die Kindertruppen der Leitung tüchtiger, den damaligen Zeitverhältnissen nach hochgebildeter Männer zu übergeben.

Zunächst waren die gegen Ende des XV. Jahrhunderts sehr beliebten Maskenspiele und Pantomimen, die, unter Musik und Tanz groteske Personen in fantastischen Gewändern mit Hülfe wunderbarer Maschinerien zur Schau bringend, eine geringere Schauspielkunst erforderten, recht

---

1) Warton: H. E. P. III, p. 288 und 289.
2) Im Lansdowne M. S. No. 171 finden wir für die Zeit Heinrichs VII. neben einer Gesellschaft von „*Musissions*", bestehend aus 26 „*Trumpitors*", zwei „*Players on the fluitt*" aus „*Players on the virginalls*", auch 8 „*Players of Enterludes*" verzeichnet.

wohl geeignet, Kinder zu theatralischer Thätigkeit anzuleiten. In der That sehen wir bei einer vor dem Hof zu Weihnachten 1490 aufgeführten Pantomime Knaben, wahrscheinlich solche der königlichen Kapelle, mitwirken. Es wird uns berichtet, dass in den vier Eckthürmen eines beweglichen Schlosses als Mädchen verkleidete Knaben sich befanden, welche einen „*most sweetly und harmoniously*" tönenden Gesang anstimmten.[1]

G. Banestre folgte um 1493 William Cornyshe als Director der Kinder der Chapel Royal.[2] Ein Schriftsteller und Dichter, war er die geeignetste Persönlichkeit, den Kindervorstellungen zur Geltung zu verhelfen. Schon im Jahre 1502 nahmen die Kinder der Kapelle an einigen von ihm selbst verfassten und in Scene gesetzten „*pageants*" Theil. Für ihre Bemühungen erhielten sie ein besonderes Geschenk von £ 6 13 s. 4 d., ihr Leiter dagegen bekam für drei der vorhin erwähnten pageants eine Belohnung von £ 20. Aus dem Fleetprison, in welches er in Folge verläumderischer Umtriebe seiner Feinde geworfen worden war, befreite ihn des Königs Gunst wieder im Jahre 1508. An seiner wieder erlangten Stellung eines Directors der Kapelle änderte auch der Tod Heinrich's VII. nichts. Die besondere Begünstigung im Gegentheil, die er von Heinrich VIII. erfuhr, befestigte ihn darin mehr als je. Der Vortheil, der hieraus dem Kindertheater erwuchs, war um so bedeutender, als Heinrich VIII. ein leidenschaftlicher Freund theatralischer Vergnügungen war. Cornyshe befand sich daher mit seinen Kindern bald in eifriger Thätigkeit. Um Weihnachten des Jahres 1514 führte er mit ihnen ein von ihm selbst verfasstes Interlude „*Love and Beauty*" vor dem Könige zu Richmond auf. Sein Geschick, die schauspielerische Befähigung seiner Schüler zur Entfaltung zu bringen, bedarf keines weiteren Beweises, als des von Collier aus einem im „*Chapterhouse*" befindlichen

---

[1] Harl. M. S. No. 69: Unter „*The banquets and disguisings used at the entertainment in Westminster Hall of Katherine, wife to Prince Arthur, eldest sonne of King Henry VII.*"

[2] Rimbault: Cheque-Book, p. V.

Manuscript ausgezogenen Berichtes. Venus und die Schönheit, so heisst es, hätten in diesem Stücke über alle ihre Feinde triumphirt, und ihre Zähmung eines Wilden und eines Löwen hätten dem Könige ein so hohes Vergnügen bereitet, dass er Cornyshe mit eigener Hand eine reiche Belohnung gab, mit der Weisung, sie mit seinen Kindern zu theilen. Vor Allem hätte der gemeinsame Gesang der Venus und der Schönheit mit dem stets wiederkehrenden Refrain:

> *„Bowe you downe, and doo your dutye*
> *To Venus and the goddes Bewty!*
> *We tryumpe hye over all,*
> *Kyngs attend when we doo call"*,

sich des lebhaftesten Beifalls aller Zuhörer zu erfreuen gehabt.[1]

Eine solche Darstellung musste natürlich zur Erhöhung des Ansehens des Kindertheaters wesentlich beitragen. Trotz des fortwährenden Bestandes einer eigenen, dem Könige gehörigen, trotz mancher anderen am Hofe Gastspiele gebenden Truppe, wurden die Chorknaben der Kapelle daher, besonders um die Weihnachtszeit, nur um so häufiger zu scenischen Aufführungen herangezogen, was die von Neujahr zu Neujahr sich oft wiederholenden „*Items*": „*To Mr. Cornyshe for playing affore the King with the children of the King's Chapel, £ 6 13 s. 4 d.*" zur Genüge bestätigen.[2]

Der schon erreichte hohe Grad der Beliebtheit des höfischen Kindertheaters äusserte sich um diese Zeit überdies in der thatsächlichen Erscheinung der Nachahmung dieser Einrichtung durch die reichen Grafen des Landes. Besitzer prächtiger zu ihren Schlössern gehöriger Kapellen, hinderte sie nichts, mit demselben Rechte wie ihre Herrscher, ihre Chorknaben zeitweilig zu schauspielerischen Zwecken zu benutzen. Die besondere Pflege der Aufführungen fand auch hier um Weihnachten statt, um welche Zeit beispielsweise Henry Algernon Percy, fifth Earl of Northumberland, auch

---

1) Collier: H. E. Dr. P. I, p. 69.
2) ibid., p. 76—79 aus „*The Kynges boke of Payments im Chapterhouse, Westminster.*"

hierin dem Hofe folgend, den ganzen Chor seiner Kapelle unter die Leitung eines Lord of Misrule stellte, dem es oblag, die Knaben wie die Erwachsenen des Chores zu Aufführungen vorzubereiten.[1] Das Verdienst, scenische Kinderaufführungen bei Hofe zur Geltung gebracht zu haben, gehört natürlich Cornyshe. König Heinrich VIII. konnte ihrer selbst auf seinen Reisen nicht entbehren. Durch ihre Anspruchslosigkeit sich vor allen Anderen empfehlend, hatten ihn die Chorknaben der Kapelle unter ihrem Director zu begleiten.[2] Hatte das höfische Kindertheater somit in der Gunst des Monarchen ein festes Fundament gewonnen, so konnte auch selbst der Tod seines jetzigen tüchtigen Leiters es um so weniger wieder zu Falle bringen, als die Nachfolger desselben Clement Adams 1516 und William Crane (1526)[3] sich in gleicher Weise durch Tüchtigkeit bewährten. Kinderaufführungen um die Weihnachtszeit fanden daher nach wie vor statt,[4] ja, die Leidenschaft des Königs für dieselben verlangte, dass nun auch die Kinder von Paul's zu Gastspielen bei Hofe herangezogen würden.

Die Thätigkeit der Letzteren hatte sich mit dem Ende des kirchlichen Dramas wohl auf ihre eigentliche Beschäftigung, die Pflege des Chorgesanges, beschränkt. Sei es nun, dass die Erfolge des höfischen Kindertheaters, seinerseits einer Nachahmung des von Kirchen und Klöstern gegebenen Beispiels, auf sie zurückgewirkt und sie ihrer-

---

1) The Regulations and Establishments of the Household of Henry A. Percy; 1770. p. 344. Vergl. ,,*The Babees Book.*" XCV. Die Kapelle setzte sich zusammen aus 8 ,,*Gentillmen*" und 6 ,,*Childeryn*". Vergl. The Babees Book XCII. Nach p. C des eben erwähnten Buches waren in der Kapelle des Kardinals Wolsey gar 12 Kinder.

2) Collier: H. E. Dr. P. I, p. 84 und 85. — Aus einem M.'S. of the Expenses of the Pridry of Thetford from 1461 to 1540 (?). — Auf die bekannte Unsicherheit mancher Collier'schen Angaben, deren Benutzung ebensowenig zu umgehen war, wie die der im Folgenden häufiger als Quelle erwähnten und in gleicher Weise nicht durchweg als echt anerkannten ,,*Extracts etc.*" ed. Cunningham, machen wir durch ein (?) aufmerksam.

3) Vergl. The Babees Book, p. LXXVI.

4) Rimbault: Cheque-Book, p. VI.

seits zur Nachahmung angetrieben, sei es, dass tüchtige Leiter durch eigene dramatische Schöpfungen sie wieder der Schauspielkunst zurückgegeben hatten, oder endlich, dass beide Momente, der Trieb der Nachahmung und besondere Fähigkeiten ihrer Directoren in Betracht zu ziehen sind, genug, das Kindertheater auch von St. Paul's wurde wieder eröffnet, jetzt nicht mehr im Dienste der Kirche, sondern des Hofes, unter der Leitung des John Rightwise, eines Mannes, dessen ganz besonders hohe Bildung, vor Allem seine eigene dramatische Schöpferkraft nicht verfehlen konnte, auf die Entwicklung des Kindertheaters von Paul's den wohlthätigsten Einfluss auszuüben.

Das Stück, welches er mit seinen Kindern im Jahre 1527 zu Greenwich vor versammeltem Hofe, dem Kardinal Wolsey und französischen Gesandten zur Schau brachte, war eine wahrcheinlich von ihm selbst verfasste Moralität.[1] Die Aufführung derselben ist von um so höherem Interesse, als sie zeigt, wie auch die Entwicklung des Kindertheaters mit der des Dramas Hand in Hand ging. Kinder haben wir bisher nur bei der Darstellung von Mysterien, Mirakeln, Pantomimen und Zwischenspielen thätig gesehen; hier wagten sie sich an eine Moralität, welche neben allegorischen Figuren schon Gestalten aus dem geschichtlichen Leben heranzog. Das Stück birgt nämlich eine Satire auf Luther, welcher sammt seinem Weibe auf die Bühne gebracht wurde. Auch erhalten wir bei dieser Gelegenheit zum ersten Mal Nachricht über die den Knaben bei der Aufführung zu Gebote stehenden Bühnenmittel. Von Maschinerie ist natürlich noch keine Rede; auch die Bühne selbst ist so einfach wie bisher: Eine erhöhte Bretterlage, diesmal zwar nicht in der Halle eines Schlosses, sondern in einem eigens errichteten, äusserst geräumigen Bankethause. Worauf man aber zu dieser Zeit auch bei Kinderaufführungen ein ganz besonderes Gewicht legte, das ist die Garderobe. So benutzte W. Crane bei irgend

---

[1] Collier: H. E. Dr. P. I, p. 106; aus einem im Chapterhouse, Westminster befindlichen und von Sir H. Guildford, dem damaligen Comptroller of the household, unterzeichneten Manuscript.

einer Aufführung mit den Chorknaben der Kapelle ein Gewand für den fabelhaft hohen Preis von ℒ 9 12 s.,[1] die Darstellung des jetzt in Rede stehenden Stückes wieder entfaltete einen für die Kinder verfertigten, bunt glitzernden Flitterstaat. Ein Dichter und ein Redner prangten in goldenem Gewande, „*Religion*", „*Ecclesia*" und „*Veritas*" traten in seidenen Kleidern auf, Luthers Weib glänzte in rother Seide, Andere in Sammet mit Gold brodirt. Acht goldene Bärte wurden verwandt, und gross war der Verbrauch an weiblichem Haarputz.

Für ihre Bemühungen wurden die Chorknaben von Paul's mit einem aus „*byer, aell and bred*" bestehenden Frühstück bewirthet; ausserdem erhielt Rightwise auf seine besondere Bitte eine Summe von 45 s. 6 d. zum Ankauf von Kleidern für die Kinder, welche „*armer Leute Söhne wären*", und eine Entschädigung sowohl für das während des Lernens der Rollen verbrauchte Heizungsmaterial, wie für die von ihm ausgelegten Kosten der Hin- und Rückfahrt.

Dieser kärgliche Lohn bildet übrigens einen auffallenden Gegensatz zu den reichen Gaben, welche die Kinder der Kapelle zu erhalten pflegten. An hohen Festen, nach theatralischen Aufführungen, wurden sie durch ein besonderes Frühstück erquickt, welches bei dem für damalige Verhältnisse ausserordentlich hohen Preise von ℒ 10 nicht anders als lukullisch sein konnte; ausserdem wurden sie mit einem königlichen Geschenke von ℒ 9 13 s. 4 d. bedacht.[2] Ziehen wir hierbei den ferneren Umstand in Betracht, dass auch die Kleiderlieferung für sie aus der Schatulle des Königs bestritten wurde, dass endlich beim Wechsel ihrer Stimmen und der daraus folgenden Unfähigkeit für Dienstleistungen in der Kapelle der Hof auch für ihre fernere Ausbildung Sorge trug, indem er sie einem der königlichen Colleges überwies,[3] so kann, mag auch manche Thräne die auswendig zu lernende Rolle benetzt haben,[4] kein Zweifel obwalten

---

1) Rimbault: Cheque-Book; p. VI.
2) Lansdowne M. S. No. 171, p. 252.
3) Harl. M. S. No. 642. p. 124 f. im Liber Niger.
4) Ein Roman, der einige Kenntniss über unseren Gegenstand verräth, das Werk eines unbekannten Verfassers, betitelt „*The Children of the*

über ihre beneidenswerthe Lage den Chorknaben von Paul's oder anderen Kathedralen gegenüber, deren jammervolle Beköstigung und elende Behandlung von Thomas Tusser in humoristisch-satirischen Versen zur Genüge veranschaulicht wird.[1] Mochte nun ein neben der Anleitung zu Musik und Gesang die geistige Ausbildung anstrebender, gediegener Unterricht auch die Kinder von Paul's auszeichnen, sie der Ausübung ihrer schauspielerischen Rollen ein ebenso eindringliches Verständniss entgegenbringen lassen wie die Kinder der königlichen Kapelle, Eines hatten diese vor jenen noch immer voraus, die unmittelbare Berührung mit den wenigen Meistern der dramatischen Kunst jener Zeit, welche, die theatralischen Hoflustbarkeiten beherrschend, offenbar auch auf das Theater der königlichen Chorknaben keinen

---

Chapel", London 1864, schildert die Freuden und Leiden der Kinder der Kapelle.

[1] Vom 25. April 1580: The last Will and Testament of Thom. Tusser, Author of *„Five hundred Points of Good Husbandry etc., to which is added: His metrical Autobiography."* Einer der Verse der letzteren lautet mit Beziehung auf seine Stellung als Chorknabe in einer kleineren Stadt folgendermassen:

> *Oh! painful time — for every crime!*
> *What touzed ears, like baited bears!*
> *What bobbed lips, what jerks, what nips!*
>   *What hellish toys!*
> *What robes how bare, what college fare!*
> *What bread how stale, what penny ale!*
> *Then, Wallingford, how wert thou abhor'd*
>   *Of seely boys!*

In Bezug auf ihre äussere Situation standen jedoch offenbar nur die Chorknaben städtischer Kathedralen hinter denen der königlichen Kapelle zurück; abgesehen nämlich von der freilich etwas ärmlich erscheinenden Einrichtung, in einem einzigen Bette drei Knaben unterzubringen, wurden die der Kapelle des Grafen von Northumberland z. B. angehörigen Knaben mit Speise und Trank, sowie an bestimmten Festen wiederkehrenden Belohnungen eben so reichlich bedacht wie die königlichen Kapellknaben. Vergl. hierüber den ins Einzelne gehenden Auszug Furnivall's aus dem Northumberland Household Book in dem schon mehrfach erwähnten Babees Book p. XCII bis XCVI.

geringen Einfluss ausübten, umsomehr, wenn sie dasselbe vom Könige so begünstigt sahen. Eine solche Gestalt nun, Mittelpunkt aller die Hoffestlichkeiten begleitenden Belustigungen, war John Heywood.[1] In früher Jugend schon berühmt durch bedeutende musikalische Tüchtigkeit, begründete er um 1530 seinen Ruf auch als Dichter einer besonderen Gattung dramatischer Erzeugnisse, der einaktigen Burlesken oder Possen, welche, eine Umgestaltung der Zwischenspiele, voller Satire besonders gegen die Geistlichkeit, ausserordentlich zur Verweltlichung und dadurch zur Ausbildung des Dramas beitrugen.[2]

Dass nun ein solcher Mann, der, als Knabe ursprünglich für die Kapelle bestimmt, wegen der Vorzüglichkeit seiner Stimme aber von allen Anderen abgesondert ausgebildet wurde, an den Kinderaufführungen, denen er sicherlich oft beigewohnt, interesselos vorübergegangen wäre, ist um so weniger anzunehmen, als ihm schon unter der Regierung Heinrichs VIII. die Leitung einer neben den Kapellknaben neu gebildeten Kindertruppe übertragen wurde.[3] Jedenfalls dürfen wir auch für die Zeit um 1544 eher auf eine Erhöhung als eine Verringerung des Ansehens schliessen, dessen die Kinder der Kapelle schon unter Cornyshe genossen. Dafür spricht nämlich der fernere Bestand ihres Theaters gegenüber der Aufhebung der Players of Interludes. Während bezüglich dieser für die Jahre 1545 und 46 das Book of payments in andauerndem Schweigen verharrt, finden wir Aufführungen der Kapellknaben unter ihrem Director Crane fort und fort erwähnt.[4]

Bei der Begünstigung des Theaterwesens überhaupt von Seiten Heinrichs VIII., welche 1546 noch ihren besonderen Ausdruck erhielt in der Schöpfung eines permanenten Lord of Misrule, jetzt allerdings unter dem Namen eines „*Master of the Revels*", nicht blos für die Weihnachtszeit, sondern

---

1) Warton: H. E. P. IV, p. 80.
2) Elze: W. Shakespeare p. 241.
3) Collier: H. E. Dr. P. I, p. 93 aus dem Royal M. S. (17 B. XXVIII)
4) Collier: H. E. Dr. P. I, p. 118.

für das ganze Jahr,[1] hatte das höfische Kindertheater kräftige Wurzeln geschlagen. Schritt die Entwicklung desselben nun unter der Regierung Eduards VI. nicht fort, so erhielt sie sich doch auf der einmal erklommenen Stufe. Die Einschränkung theatralischer Vergnügungen aus ökonomischen Rücksichten[2] vermochte ihr wohl kaum Abbruch zu thun, weil der Kapellendienst Chorknaben ohnehin nothwendig machte, die Inhibirung der Schauspielertruppen „*throughout the realm*"[3] kam für das Kindertheater um so weniger in Betracht, als es sich unter den Augen des Königs der Aufführung von Stücken „*containing matter tending to sedition*" schwerlich schuldig machen konnte. Erlangte doch auch das Hoftheater durch Aufführung von Masken und Zwischenspielen zu Weihnachten 1551—52 seinen früheren Glanz zurück, spricht doch vor Allem aber der dem Director der Kinder der Kapelle zugehende Befehl, die Aufnahme neuer Kinder zu bewerkstelligen, für den ungestörten Fortgang des Kindertheaters.[4]

Dass Marie die Blutige, welche Theatervergnügungen nicht abhold war, zu solchen sogar ermuthigte, wenn sie der Sache des Katholicismus dienten, fast in demselben Grade wie ihr Vater Kinderaufführungen bevorzugte, beweist die Thatsache, dass sie als Prinzessin J. Heywood für ein mit seiner Kindertruppe vor ihr aufgeführtes Zwischenspiel £ 10 aushändigte, und dass sie zu Weihnachten und Neujahr den Kindern der Kapelle sowohl wie des „*Königs Kindern*" (unter Heywood) für theatralische Aufführungen Geschenke zu machen pflegte.[5] Den schlagendsten Beweis endlich für ihre Vorliebe für Darstellungen durch Chorknaben

---

1) Nach Chalmers: An Apology for the Believers in the Shakespeare Papers, which were exhibited in Norfolk Street, 1797, p. 475 war Thom. Cawarden der erste Inhaber des „*Officium Magistri Jocorum, Revellorum et Mascorum omnium.*"
2) Collier: H. E. Dr. P. I, p. 137.
3) ibid. p. 146.
4) John Strype: Ecclesiastical Memorials; 1822. II, p. 839.
5) Collier: H. E. Dr. P. I, p. 93 aus dem Haushaltsbuch der Prinzessin Marie in dem vorhin erwähnten Royal M. S.

liefert die von ihr durchgeführte Wiederherstellung des „*Feast of the Boy-Bishop*",[1] welches Heinrich VIII. aufgehoben hatte.[2]

Bei dem fanatischen Eifer jedoch der Königin Marie für die Sache des Katholicismus, bei ihrem ausgesprochenen Bestreben, das Drama wieder in den ausschliesslichen Dienst des katholischen Cultus hineinzuzwängen, wäre der durch das Drama in seiner Entwicklung schon zurückgelegte Weg verlorene Mühe gewesen: Drama wie Theater wären wieder rein kirchlich geworden, hätte der Gang der Geschichte nicht zu Gunsten beider entschieden: Elisabeth öffnete dem Humanismus und der Reformation die weiten Pforten, das Drama wendete sich vom gefahrdrohenden Wege der Reaction, nunmehr mit Riesenschritten seinem Endziele, seiner vollständigen Verweltlichung entgegeneilend. Führte dieses Streben der Verweltlichung schliesslich zur höchsten Stufe der Entwicklung des Theaters, zur Ausbildung eines in sich abgeschlossenen, berufsmässigen Schauspielerstandes, so kam es dem Kindertheater ganz besonders zu Statten, dass unter der Regierung der Elisabeth sich nicht blos alle zur Förderung desselben nothwendigen Bedingungen zusammendrängten, nein, diese — die ungehemmt vorwärts eilende Verweltlichung des Dramas, die Gunst der Herrscherin, die Leitung durch tüchtige Directoren — sich in ihrer höchsten Potenz vereinigten, dem Kindertheater den kräftigsten Impuls zu geben, ja dasselbe zu einer nie geahnten Blüthe empor zu heben.

Ihre Würde gestattete es auch dieser Herrscherin noch nicht, sich bei Aufführungen unter das Volk zu mischen, selbst dann nicht, als Schauspielhäuser errichtet worden

---

[1] Henry Machyn's Diary, ed. J. G. Nichols, 1848 (for the Camden Society). Es heisst da p. 121: The V day of December was St. Necolas evyn, and Sant Necolas whentt abrod in most part in London, synging after the old fashion etc. Vergl. ferner The Babees Book p. LXXXV, wonach der Knabenbischof von Paul's mit seiner Gesellschaft den aus 36 Stanzen bestehenden, von Hewe Rodes verfassten „*Song of the Chyld-Bysshop*" am heiligen Nikolastage 1555 vor der Königin sang.

[2] Rimbault: Two sermons etc., p. XX.

waren. Abgesehen nun davon, dass Gastspieler bei Hofe vielleicht die für theatralische Darstellungen nöthigen Einrichtungen nicht zur Genüge vorfanden, wäre auch eine oftmalige Berufung derselben an den Hof äusserst kostspielig geworden.[1] Es war daher natürlich, wenn die Königin, welche scenische Aufführungen auf's Leidenschaftlichste liebte, ihre ganze Aufmerksamkeit auf das einmal begründete und anspruchslosere Kindertheater richtete. Schon als Prinzessin hatte sie sich durch dasselbe unterhalten lassen. Im Jahre 1552 bezahlte sie 30 s. an Mr. Heywood und £ 4 19 s. an Sebastian Westcot, den damaligen Leiter der Kinder von Paul's, für ein „*play*", das beide Kindertruppen jedenfalls gemeinschaftlich vor ihr aufgeführt hatten.[2] 10 s. entrichtete sie an einen gewissen Beamonde, der sie mit „*gewissen Knaben*" durch Aufführung irgend eines Theaterstückes erheitert hatte.[3]

Von Anfang ihrer Regierung an trug sie daher keine geringe Sorge um die Ausstattung all ihrer Kapellen mit einer gehörigen Anzahl von Knaben. Im März des Jahres 1559 verbot sie die Entführung der Chorknaben von Windsor nach anderen Kapellen, selbst nach der Capel Royal. Am 30. April desselben Jahres erneuerte sie das Richard Bower schon unter Eduard VI. verliehene Patent eines „*Master of the Children of the Chapel*"[4] mit einem jährlichen Gehalt von £ 40, um ihm bald darauf, im vierten Jahre ihrer Regierung, die Vollmacht zu ertheilen, „*to take up well singing boys, for furnishing the Queen's Chapel.*"[5]

Dass nun der Hauptbeweggrund dieses ausgesprochenen Wunsches, ihre Kapelle reichlich mit Kindern versehen zu wissen, der Gedanke ihrer Verwendung für theatralische Zwecke gewesen, erhellt aus der Thatsache, dass in den

---

[1] Elze: W. Shakespeare p. 253.
[2] Household Account of the Princess Elizabeth, 1551—52. (Camden Miscellany) 1853, II, p. 37.
[3] J. G. Nichols: The Progresses and public Processions of Queen Elizabeth; 1823, I, p. VIII.
[4] Rimbault: Cheque Book, p. 484.
[5] Chalmers: An Apology, p. 359.

sechsziger Jahren des XVI. Jahrhunderts ausser sämmtlichen uns schon bekannt gewordenen Kindertruppen, der von Paul's, der der Chapel Royal und der von Windsor, endlich auch die Kinder von Westminster zum Dienst des Hoftheaters herangezogen wurden.

Die Kinder von Paul's, welche es durch ihre hervorragenden Directoren, wie früher Rightwise und jetzt Westcot, zu hohem Geschick in ihrem zeitweiligen schauspielerischen Beruf gebracht zu haben schienen, ausserdem vielleicht auch zahlreicher waren, als die Kinder der königlichen Kapellen im Einzelnen, waren zunächst auserwählt, die Königin zu unterhalten. Ausser ihrer Thätigkeit nämlich als Schauspieler in einem vor der Königin zu Eltham am 5. August 1559 gegebenen Theaterstücke,[1] wurden sie bis 1565 hin ausschliesslich besonders zu den um die Weihnachtszeit am Hofe stattfindenden Darstellungen verwandt, wie die von Jahr zu Jahr verzeichneten Items, wie beispielsweise *„Payde upon the Councelles Warraunt to Sebastian Westcot, master of the children of Poll's for an Enterlude £ VI 13 s. 4 d."*, es zur Genüge darthun.[2] Zu ihnen traten dann im Jahre 1565 die Kinder von Westminster, welche für eine Aufführung zu Fastnacht des genannten Jahres unter ihrem Director John Taylor, am 13. Februar die bekannte Belohnung von £ 6 13 s. 4 d. erhielten, ebenso wie 1568 die Kinder von Windsor unter ihrem Leiter Richard Farrant.[3]

Das höfische Kindertheater, in vier Kindertruppen aufrecht erhalten, fing somit an, eine wirklich hervorragende Rolle zu spielen. Einen belebenden, besonders die Entwicklung des Theaters der Kapellknaben befördernden Einfluss übte zudem das um diese Zeit fallende Auftreten eines Richard Edwards aus, welcher im Jahre 1563 Richard Bower als Master of the Children of the Chapel gefolgt war.[4] *„Edwards"*, so berichtet Warton, *„besides*

---

1) Nichols: Progresses etc. I, p. 74.
2) Peter Cunningham: Extracts from the accounts of the Revels at Court; ed. 1842 (for the Shakesp. Society) Ac. VIII, p. XXII f. (?).
3) ibid.
4) Rimbault: Cheque Book, p. 184.

that he was a writer of regular dramas, appears to have been a contriver of masques, and a composer of poetry for pageants. In a word, he united all those arts and accomplishments which minister to popular pleasantry: he was the first fiddle, the most fashionable sonnetteer, the readiest rhymer and the most facetious mimic of the court. In consequence of his love and his knowledge of the histrionic art, he taught the choristers over whom he presided to act plays."[1] — Dass der Impuls, welchen das Kindertheater der Chapel Royal von Seiten dieses seines Leiters erfuhr, der als dramatischer Dichter ebenso bedeutend wie als Schauspieler in der Kenntniss der Schauspielkunst hervorragend war, ein ganz besonders fördernder sein musste, liegt auf der Hand. Auch steigerte Edwards in der That das von Cornyshe begründete Ansehn des höfischen Kindertheaters bis zur offenkundigen Berühmtheit.

Wie hart nämlich das 1566 erfolgende Ableben ihres so bedeutenden Directors die Kapellknaben treffen musste, wie empfindlich dieser Verlust für die Chorknaben, mit denen er noch in seinem Todesjahre seine Tragikomödie „*Damon and Pythias*" vor der Königin aufgeführt hatte, sein mochte,[2] die so vom höfischen Kindertheater erreichte hohe Bedeutung fing nunmehr an, von der Oeffentlichkeit, wenn auch im negativen Sinne, anerkannt zu werden, sie wurde ein Gegenstand der Kritik und des ernsthaftesten Angriffes von Seiten puritanischer Eiferer, welche, erbitterte Feinde des Theaterwesens überhaupt, in der Einrichtung

---

1) Warton: H. E. P. IV, p. 214.

2) In der von Thomas Twyne verfassten Grabschrift *„upon the death of the worshipfull Mayster Richarde Edwards, late Mayster of the Children in the Queene's Maiesties Chappell"* heisst es unter Anderem:

„Plunge up a thousand sighes, for griefe
Your trickling teares distill!
Whilst Childe and Chappel dure,
Whilst Court a Court shall bee,
(Good Edwards) eche estate shall much
Both want and wish for thee" —
Warton: H. E. P. IV, p. 216 u. 217.

des Kindertheaters, das die Verderbniss der Hölle in die jugendlichen Gemüther der Chorknaben einpflanze und ihren Stand als Diener der Kirche entweihe, einen Baalstempel verkörpert sahen.

Eine solche Stimme liess sich in einem anonymen puritanischen Pamphlet vernehmen, das, nach Warton im Jahre 1569 gedruckt, sich in der Bibliothek des Bischofs Tanner zu Oxford befand und den bezeichnenden Titel führt „*The Children of the Chapel stript and whipt.*"[1] „*Plaies*", so führt dasselbe aus, „*will never be supprest, while her maiesties unfledged minions flaunt it in silkes and sattens. They had as well be at their popish service, in the devils garments*" etc. Seinem ganz besonderen Aerger über die Sitte der Aufführung von Stücken in der Kapelle selbst, macht der Verfasser dann weiter in folgenden Worten Luft: „*Even in her maiesties chappel do these pretty upstart youthes profane the Lordes-Day by the lascivious writhing of their tender limbs and gorgeous decking of their apparell, in feigning bawdie fables gathered from the idolatrous heathen poets.*"

Konnte einerseits der puritanische Grimm gegen das höfische Kindertheater nicht offener zu Tage treten als hier, so bezeugte andererseits die Erfolglosigkeit des Pamphlets, dem Fortbestand des von der Herrscherin einmal hoch begünstigten Kindertheaters gegenüber, die Ohnmacht der puritanischen Bestrebungen nie mehr als jetzt. Die City-Behörden mochten sich vielleicht bewogen fühlen, in ihrem Gebiete herumziehende Schauspielergesellschaften zu unterdrücken; Vorstellungen bei Hofe aber an Festtagen, besonders von Weihnachten bis Fastnacht, durch „*her maiesties unfledged minions*", waren von Anfang der siebenziger Jahre ab an der Tagesordnung, das höfische Kindertheater stand in seiner Blüthe. Alle vier uns bekannten Kindertruppen entfalteten von nun an die regste Thätigkeit im Dienste der Königin: Für ihren Aufenthalt zu London waren die Auserwählten die Kinder von Paul's, noch immer unter Westcot, die Kapellknaben unter dem bedeutenden Musiker William

---

[1] Warton: H. E. P. IV, p. 217.

Hunnys[1] und die Kinder von Westminster seit 1565 in einer langen Reihe von Jahren unter ihrem gelehrten Schulmeister J. Taylor, während ihres Aufenthalts in Windsor endlich waren die zu der Kapelle dieses Schlosses gehörigen Chorknaben unter Farrant dazu bestimmt, „*to case the anguish of a torturous hour.*"[2]

Im Uebrigen bieten die von 1571 ab in der genannten Zeit von Weihnachten bis zu Fastnacht hin dargestellten Stücke nunmehr ein um so höheres Interesse dar, als uns ihre Titel überkommen sind. So führten die Kinder von Paul's am Abend des Festes der Unschuldigen die Tragödie „*Effigenia*", die Kinder von Windsor „*Ajax and Ulysses*" am Neujahrsabend, die Kapellknaben „*Narcissus*" am Abend des Dreikönigstages, die Kinder von Westminster „*Paris and Vienna*" am Fastnachtsabend auf.[3] Von anderen Truppen waren in dieser Zeit nur noch Robert Lane's men thätig; die Zahl ihrer Aufführungen, ebenso wie die der Schauspielertruppen eines Lord Leicester, Dutton etc. war jedoch zu beschränkt, um die hohe Gebieterin auf das Kindertheater verzichten zu lassen. Sie liess im Gegentheil für die Weihnachtszeit 1572 sogar eine neue Kindertruppe engagiren, eine Gesellschaft von Knaben unter Richard Mulcaster, dem damaligen Leiter von Merchant Tailors' School,[4] und im Jahre 1573 finden wir wieder, trotz der

---

[1] Cunningham: Extracts, p. XXIX u. Rimbault: Cheque Book, p, 187.
[2] Chalmers: An Apology etc., p. 384.
[3] Cunningham: Extracts etc., p. 13.
[4] Collier: H. E. Dr. P. I, p. 199. Wir befinden uns mitten in der Zeit, in welcher öffentliche höhere Schulen klassische Stücke des Alterthums oder aus dem Studium der Antike geflossene, von ihren Lehrern selbst verfasste Schauspiele zu ihrer eigenen Unterhaltung aufführten. Solcher Aufführungen erwähnt Warton, H. E. P. III, 309 mehrere. Wir könnten demnach auch von einem Kindertheater in Schulen reden, vorausgesetzt, dass die Darsteller das Knabenalter noch nicht überschritten hatten, was kaum anzunehmen, wenn wir uns auf eine satirisch-ironische Anspielung beziehen, welche Ben Jonson später auf die Sitte der Schulaufführungen machte. In seinem „*The Staple of Newes*", ed. fol. 1631, Act. III, p. 50 legt er Censure folgende Worte in den Mund: For my part, I beleeve it, and there were no wiser than I, I would have neer a cunning schoole-master in England:

Bestätigung von Lord Leicester's Players gewissermassen auch zu einer der Truppen der Königin,[1] die Kinder von Paul's „*Alkmeon*", die von Westminster „*Truth, Faithfulness and Mercyc*", die von Windsor „*Quintus Fabius*" aufführen.[2] Dann wieder wurden Mulcaster's Kinder herangezogen, um am Lichtmessabend „*Timoclia at the siege of Thebes*",[3] am Fastnachtsabend „*Percius and Anthomiris*" darzustellen.[4] War ausserdem in der Zeit von 1574—75 noch eine besondere Knabentruppe, die des Lord Leicester bei Hofe beschäftigt,[5] so erhalten wir merkwürdiger Weise weder für 1574 noch für 1575 irgend welche Nachricht über die Kapellknaben. Wahrscheinlich traten sie zu dieser Zeit in London überhaupt nicht auf, sondern führten vor der Königin zu Kenilworth, während ihres dortigen Aufenthalts auf dem Lord Leicester gehörigen Schlosse, die Zwischenspiele ihres Directors W. Hunnys auf, welcher zum Mindesten bei der Vorbereitung der vor der Elisabeth aufzuführenden Schauspiele keine unbedeutende Rolle spielte.[6] Sicher wieder ist, dass sie 1576 im Verein mit den Kindern von Windsor „*The History of Mutius Scevola*" zu Hampton Court,[7] im Jahre 1578 zu Whitehall die „*History of Loyalty and Bewtie*"[8] darstellten.

Wenn wir einerseits wahrnehmen, wie bei Weitem nicht zum geringeren Theil Kindervorstellungen die theatralischen Vergnügungen der Königin um die Weihnachtszeit aus-

---

I mean a Cunning-man a schoole-master, that is, a conjurour, or a poet, or that had any acquaintance with a poet. They make all their schollers Playboyes! Is't not a fine sight to see all our children made Enterluders? Doe we pay our money for this? Wee send them to learne their grammar and their Terence, and they learne their play-bookes. — Vgl. Warton, H. E. P. III, p. 309.

1) Collier: H. E. Dr. P. I, p. 203.
2) Cunningham: Extracts etc., p. 51.
3) ibid. p. 68.
4) ibid.
5) Collier: H. E. Dr. P. I, p. 202.
6) Collier: H. E. Dr. P. I, p. 226.
7) Cunningham: Extracts, p. 68.
8) ibid. p. 142.

machten, wo immer sie sich auch befinden mochte, ob zu Whitehall, in Hampton Court oder Windsor, wie das Kindertheater sich also zur Blüthe entfaltet hatte, so kann andererseits, bei der Beleuchtung der Titel der erwähnten Stücke, deren Zahl noch vermehrt werden könnte, über die Natur derselben, über ihren Character, kein Zweifel herrschen. Es sind jene „*bawdie fables gathered from the idolatrous heathen poets*", jene aus der Wiederbelebung der klassischen Studien fliessenden dramatischen Erzeugnisse, für deren vollständige Verweltlichung ein letzter Schritt nothwendig war: Ausscheidung der klassischen Elemente und Ersatz derselben durch eigene nationale.

Dem Entwicklungsgange des Dramas folgend, stand auch das Kindertheater vor seiner letzten That, vor seiner Verweltlichung, d. h.: vor dem Austritt aus dem engeren Kreise des Hofes, hinaus in die Oeffentlichkeit vor das grosse Publikum, einem Schritt, den es erst dann vollführte, nachdem John Lilly demselben als höfischem Kindertheater einen neuen Glanz gegeben hatte. Nicht blos nämlich, dass sechs von diesem Hofpoeten geschriebene „*Hofkomödien*" vor der Königin ihre einzigen Darsteller in Kindern, in den Kapellknaben und den Chorknaben von Paul's fanden,[1] fast scheint es sogar, als seien verschiedene, in diesen wie noch einigen anderen Schauspielen desselben Dichters vorkommende Rollen der Darstellungsgabe von Kindern geradezu angepasst worden. Man denke an das Auftreten schelmisch-muthwilliger Knaben, wie der Diener des Plato in „*Alexander and Campaspe*", an die kindisch lächerliche Rolle eines Thopas im „*Endymion*", der in den Kampf auszieht gegen Vögel und Fische und als Besieger eines Zaunkönigs zurückkehrt, an die Rolle eines Cupido in der „*Galathea*", der von den Nymphen der Diana ergriffen und gebunden wird. Für Feen endlich, die in „*The Maid's*

---

[1] „*Six Court Comedies often presented and acted before Queene Elisabeth, by the Children of her Majesties Chappell and the Children of Paull's. Written by the onely rare poet of that time, the witie, comicall, facetiously quicke and unparall'd John Lilly, Master of Arts.*" London 1632.

Metamorphosis" zu fröhlicher Musik singen und tanzen, für Nymphen, die in „*Love's Metamorphosis*", die eine in einen Felsen, die andere in eine Blume, die dritte in einen Paradiesvogel verwandelt werden, giebt es kaum geeignetere Darsteller als Kinder.

Hören wir nun auch während der neunziger Jahre Nichts mehr von den Kindern von Westminster, ist auch aus Gründen, die wir später folgen lassen werden, den Kindern von Paul's der Zutritt bei Hofe verwehrt, wird auch der Kinder von Windsor nach 1595, wo sie „*for singing of ballads, plays or the like*" Belohnungen erhielten und ihrem Leiter Dr. Nathaniel Giles der Auftrag wurde, die Windsor-Kapelle mit neuen „*meet and apt Choristers*" auszustatten,[1] nicht mehr Erwähnung gethan, so fuhren die Kapellknaben ihrerseits, nach dem Tode ihres Directors W. Hunnys am 6. Juni 1597[2] unter dem bedeutenden Musiker Giles, in ihrer zeitweiligen schauspielerischen Thätigkeit bei Hofe fort und blieben die auserwählten Lieblinge der Königin.

Die Stellung des Kindertheaters jedoch als eines Privattheaters konnte ihm unmöglich eine allgemeine Bedeutung erwerben, es musste, wollte es einen höheren Rang in der englischen Bühnengeschichte überhaupt einnehmen, die ihm bisher gesteckten engen Grenzen des Hofes überschreiten. Der Fortschritt der innerlichen Verweltlichung des Dramas nun hatte in den siebenziger Jahren zu seiner vollständigen äusserlichen Verweltlichung geführt: Aus den Händen der Geistlichkeit, der Zünfte sich freimachend, die Schranken des Hofes und gelehrter Schulen durchbrechend, war die Bühne nunmehr ein Ort berufsmässiger Schauspielkunst geworden, in einem eigenen, den weitesten Kreisen zugänglichen Schauspielhause. Auch die Bühne des Kindertheaters konnte daher nicht eine blosse Hofbühne bleiben, das Kindertheater musste im Gegentheil an der Verweltlichung des Theaters im Allgemeinen theilnehmen, die Kindertruppen mussten also den Charakter blosser Privattruppen abstreifen und vor

---

1) Rimbault, Cheque Book, p. 198 und 199.
2) ibid. p. 5.

das grosse Publikum treten. Diesen Schritt wagten die Kinder von Paul's schon um 1580,[1] die Kapellknaben erst um 1584; erstere führten um diese Zeit „*Cupid and Psyche*" in ihrer hinter der Kathedrale gelegenen Singeschule, ihrem gewöhnlichen Schauspielhause, auf,[2] letztere in jenem Jahre, wie der Prolog „*at the Blackfriars*" beweist,[3] Lilly's „*Alexander and Campaspe*" im Blackfriars Theater, welches seit der Mitte der siebenziger Jahre bestand.

III.
Das öffentliche Kindertheater.

Der Charakter der Bühnenausstattung im Allgemeinen wie für Kinderaufführungen im Besonderen zeichnete sich auch während der Regierungszeit der Elisabeth durch die uns aus der Zeit Heinrichs VIII. her bekannte Einfachheit und Schlichtheit aus. So konnte die primitive Natur der Bühnenhülfsmittel kaum drastischer veranschaulicht werden als in der Aufführung von „*Paris und Vienna*", bei der die Kinder von Westminster einen Triumphzug auf Schau-

---

1) Den in G. Fleay's beiden Werken, im „*Shakespeare Manual*" London 1876 sowohl wie in der „*Introduction to Shakespearian Study*" London 1877 sich findenden, auf das englische Kindertheater bezüglichen Daten ist kein grosses Gewicht beizulegen. Es sind dies Angaben, deren Quelle wir vermissen und denen wir um so weniger trauen dürfen, als sie sich nicht selten in dem einen wie dem anderen der genannten Werke widersprechen. Beispielsweise setzt Fleay den Beginn der theatralischen Thätigkeit der Kinder von Paul's im „*Shakespeare Manual*" p. 79 in das Jahr 1563, auf p. 82 wieder 1574; in der „*Introduction etc.*" ferner, p. 53 auf 1563, p. 55 desselben Werkes wieder, erst 1575.

2) Gosson: Playes confuted in five Actions, 1580. in The English Drama and Stage, Roxb.-Libr. 1863, p. 188; vergl. Warton: H. E. P. IV, p. 217.

3) Das nach dem Titelblatt durch die Kapellknaben aufgeführte, 1584 gedruckte „*Alexander and Campaspe*" hat ausser dem bei Hofe gesprochenen Prolog auch einen Prolog „*at the Blackfriars*" verzeichnet.

kelpferden veranstalteten.[1] Wofür man bei Hofvorstellungen auch während der glänzenden Elisabethanischen Periode die bedeutendsten Kosten nicht scheute, das war wieder die Garderobe. Manches „*cloth of gold*" steht für Kinder verzeichnet, und der für die Kinderaufführungen von 1571—72 verbrauchte Vorrath an Taffet, Atlas, Goldtuch, Sammet, Damask und sonstigem, unter Kerzenschein am Abend glitzerndem und funkelndem Flitterstaat, an sorgfältig frisirten Haarperrücken, an prächtigen Masken endlich mit langen Bärten, belief sich auf die ungeheure Summe von £ 800.[2] Gegen den Prunk der Garderobe stach die Einfachheit der Schaubühne auch der nunmehr errichteten öffentlichen Schauspielhäuser ab, welche, ein glänzendes Zeugniss für die dem englischen Volke angeborene Leidenschaft für die Bühne, von den siebenziger Jahren ab in überraschend grosser Zahl schnell auf einander folgten, von denen uns jedoch vorläufig nur das Blackfriars-Theater und die Singeschule der Chorknaben von Paul's, worin diese ja ihre Aufführungen zu geben pflegten, interessiren.

Der Bedarf einer jeglichen Schauspielertruppe an jugendlichen Darstellern weiblicher Rollen legt die Vermuthung nahe, dass nach der Besitznahme von Blackfriars durch die Lord Leicester gehörige Truppe, um die Mitte der siebenziger Jahre etwa, diese sich die Kapellknaben, mit denen sie ja während ihrer Gastspiele bei Hofe häufig in Berührung kommen musste, für obigen Zweck dienstbar machte, wenn auch sie nicht etwa eine eigene Knabengesellschaft, sogenannte „*apprentices*", unter ihrer Leitung hatte, wofür der Dialog zwischen Trueman und Lovewit in der „*Historia Histrionica*" allerdings sprechen dürfte.[3] Jedenfalls aber

---

1) E. Malone: Historical Account of the Rise and Progress of the English Stage and of the Economy and Usages of the ancient Theatres in England; 1800. Appendix; p. 366 f.
2) ibid.
3) Historia Histrionica. An Historical Account of the English Stage; showing the Antient Uses, Improvement and Perfection of Dramatic Representations, in this Nation. In a Dialogue, of Plays and Players; 1699. p. 404 in vol. XV der „*Select Collection of Old English Plays*", 1876, ed. Hazlitt:

berechtigen uns das Titelblatt und der „*at the Blackfriars*" gesprochene Prolog des durch die Kapellknaben aufgeführten Lilly'schen Stückes „*Alexander and Campaspe*" zu der Annahme, dass die Kapellknaben seit 1584 auch öffentlich auftraten und gewissermassen den Character einer berufsmässigen Schauspielergesellschaft annahmen. In der etwaigen Bestätigung derselben durch die Königin wurde letztere vielleicht von dem Gedanken geleitet, dass ein durch öftere Bethätigung schauspielerischer Beschäftigung erworbenes, höheres schauspielerisches Geschick den Hofaufführungen der Kapellknaben um die bekannte Zeit um Weihnachten zu Gute kommen dürfte.

Wenn aber die Kapellknaben bei dem Character von Blackfriars als einem Privattheater,[1] welches das gewöhnliche Volk fern hielt, noch, so zu sagen, eine private Truppe blieb, welche sich nur vor der vornehmen Gesellschaft producirte, so waren ihnen die Kinder von Paul's hierin um einen Schritt voraus. Diese, die zwar den Hof nicht vernachlässigten, sich der Gunst der Königin vielmehr auch jetzt noch in hohem Masse erfreuten, da letztere ja Thomas Giles, den derzeitigen Director der Kinder von Paul's 1584 ermächtigte, „*to take up such apte and meete children, as are most fitte and hable to serve us, when our pleasure is to call for them*",[2] entfalteten im Laufe der achtziger Jahre vor einem sich offenbar aus allen Schichten der Bevölkerung zusammensetzenden Publikum in ihrer Singeschule eine äusserst rege schauspielerische Thätigkeit. Wodurch sie gegen 1588 besonders von sich reden machten, das waren die Aufführungen von Stücken, welche den um diese Zeit zwischen Martinisten und Bischöfen entbrennenden religiösen Streit zum Gegenstand ihrer Behandlung machten und sich gegen erstere, und besonders ihren Führer Martin Marpre-

---

Trueman: „*'Tis very true, Hart and Clun were bred up boys at the Blackfriars and acted women's parts. Hart was Robinson's boy or apprentice; he acted the Duchess in the tragedy of the „Cardinal", which was the first part that gave him reputation.*"
1) Elze: W. Shakespeare, p. 252.
2) Nichols: Progresses etc. II, p. 432.

late, welche, düstere Puritaner, sich auch gegen das Theaterwesen wendeten,[1] in den bittersten Schmähungen und boshaftesten Verunglimpfungen ergingen. Die Zahl solcher Schauspiele war nicht gering, und die Satire derselben in hohem Grade ausfallend. So möchte Lilly sämmtliche diesen Stoff behandelnden Komödien auf der Bühne zur Schau gebracht wissen, damit Martin Marprelate endlich vollständig entziffert und vielleicht entmuthigt würde.[2] „In diesem Falle würde er nicht, wie ehedem, obwohl man ihn auch damals sehr gut dargestellt hätte, mit einem Hahnenkamm, einem Affengesicht und Katzenklauen einhergehen, sondern im besten Kleiderschmuck, den er nur immer an hohen Festtagen getragen hätte. Wäre auch ein Schauspieler seiner sonstigen Beschäftigung nach nur ein Schuhflicker, er könnte doch das Glück haben, eines Königs Rolle zu spielen, Martin, welchem Berufe er auch obläge, vermöchte nur die Rolle eines Schurken zu spielen. Würde es nicht, so ruft der Verfasser des Pamphlets aus, ein prächtiges Schauspiel sein, wenn in einem Stücke Mardocheus ein Bischof und Martin — Haman sein würde, wenn Martin, der die über ihm Stehenden zu erniedrigen suche, über Alle hinaus auf einen Baum gezogen würde?" Danach führt der Verfasser zwei Schauspielhäuser auf, wo man Marprelate sehen könnte, im Theatre für 2 d., zu Paul's für 4 d.

Die von Lilly 1589 gewünschte Aufführung einer grösseren Anzahl solcher Komödien scheint jedoch nicht mehr nöthig gewesen zu sein, um das Treiben der Kinder von Paul's als anstössig erscheinen zu lassen. Andere Aufführungen dieser Art, wie eine wahrscheinlich auch in der Singeschule der Kinder von Paul's um 1589 aufgeführte und von Nash[3] „*Vetus Comoedia*" genannte Moralität, in welcher

---

1) Edward Arber: An Introductory Sketch to the Martin Marprelate Controversy 1588—1590. ed. 1879. p. 26 und 27.

2) Pappe with an hatchet. Alias, A figge for my God sonne. Or Cracke me this nut. Or A Countrie cuffe, that is, a sounde boxe of the eare, for the idiot Martin to hold his peace, seeing the patch will take no warning etc. 1589, Quarto.

3) The Returne of the renowned Caualiero Pasquill of England, from the other side the Seas, and his meeting with Marforius at London upon the

Marprelate in heftigster Weise angegriffen wird, waren
jedenfalls genügend gewesen, um ihrer schauspielerischen
Thätigkeit ein Ziel zu setzen, umsomehr, als sie solche
dicht bei der Kirche entfalteten. Die Zeit ihrer Aufhebung
liegt zwischen 1589 und 1591. Am Ende des erstgenannten
Jahres oder am Anfang von 1590 nämlich waren sie noch
bei Hofe beschäftigt;[1] die dem Lilly'schen Stücke „*Endymion*" aber vorangehende „Anrede an die Leser", welche
1591 gedruckt wurde, spricht schon von der Auflösung der
in Rede stehenden Truppe.[2]

Während so den Kindern von Paul's für einige Zeit
hindurch Stillschweigen auferlegt worden war, dürfen wir
wohl annehmen, dass die Kapellknaben auch während der
neunziger Jahre fortfuhren öffentlich aufzutreten, dass sie
gar vielleicht die sich nunmehr Bahn brechenden und das
Drama zum Endziel seiner Entwicklung führenden Stücke
Shakespeare's, mit dessen Truppe sie ja als gemeinsame
Inhaber von Blackfriars fortwährend in Connex standen, zur
Aufführung brachten. Wissen wir im Ganzen auch nichts
Bestimmtes über die öffentliche Thätigkeit der Kapellknaben
um diese Zeit, — dass ihrer schauspielerischen Bethätigung,
welche öffentlich darzuthun die zu wiederholten Malen von
den Citybehörden erlassenen, durch das Wüthen der Pest
besonders nothwendig gemachten Verbote auch sie hindern
mochten, dass dieser Bethätigung der Kapellknaben in ihrer
Eigenschaft einer höfischen Truppe wenigstens kein Einhalt
gethan wurde, dafür sorgte schon die Leidenschaft der
Königin für scenische Aufführungen.

Eine wirklich hervorragende, ja über alle Erwartung
hohe Stellung in der englischen Bühnengeschichte erlangten
jedoch beide, sowohl die Kapellknaben wie die von Neuem

Royall Exchange. Wherethey encounter with a little household talke of
Martin and Martinisme etc. London 1589; Quarto. Vgl. Collier: H. E. P. I,
p. 266 f.

1) „*Account of the Master of the Revels.*" Collier; ibid., p. 263.

2) Endymion. 1591. Quarto. In besagter Anrede findet sich: „*Since
the plays in Paul's were dissolved, there are certain comedies come to my
hands.*"

in die Oeffentlichkeit tretenden Chorknaben von Paul's, erst wieder um 1600, oder in den ersten Jahren des XVII. Jahrhunderts, wo die Entwicklung des Kindertheaters einen nie geahnten Aufschwung bis zur höchsten Blüthe nahm. Um diese Zeit nämlich bestand die Truppe der Kapelle aus äusserst befähigten, für die Ausübung der Schauspielkunst in hohem Grade beanlagten Knaben. Im Alter von 13 bis 14 Jahren erwarben sich ein Nath. Field,[1] ein John Underwood, beide später als äusserst tüchtige Schauspieler bekannt, den lautesten Beifall in der Aufführung von Ben Jonson's „*Cynthia's Revels*" im Jahre 1600 und seines „*Poetaster*" im Jahre 1601;[2] ja Sal. Pavy verstand sich so meisterhaft auf die Darstellung der Rolle eines alten Mannes, dass Ben Jonson seinen etwa im dreizehnten Lebensjahre erfolgenden Tod tief beklagte.[3]

---

1) geb. 1587. Vergl. Collier: H. E. Dr. P. III, p. 425.

2) Beide Quartos haben die Namen der „*principal Comedians*" verzeichnet, sodass wir, da nach den Titelblättern derselben beide Stücke durch die Kapellknaben aufgeführt worden sind, damit die Namen dieser selbst erfahren. Als „*principal Comedians*" von „*Cynthia's Revels*" sind genannt: Nath. Field, Sal. Pavy, Tho. Day, John Underwood, Rob. Baxter, John Frost, im anderen Stücke dieselben mit Ausnahme von Baxter und Frost, für die William Ostler und Thom. Marton eintreten.

3) Epigrammes, Epig. CXX. (edit. 1816 of Works, VIII, p. 229—230.)
   An Epitaph on S. P. a child of queene Elizabeth's chapell.
   „*Weep with me, all you that read*
       This little story;
   And know, for whom a teare you shed
       Deaths selfe is sorry.
   Twas a child, that so did thrive
       In grace and feature,
   As Heaven and Nature seem'd to strive
       Which owned the creature.
   Yeares he numbred scarce thirteene,
       When Fates turn'd cruell;
   Yet three fill'd zodiackes had he beene
       The Stages Jewell:
   And did acte, what now we moane,
       Old men so duely;
   As, sooth, the Parcae thought him one,
       He plaid so truely.

1596 drückte Nash den Wunsch aus, das Theater von Paul's wieder geöffnet zu sehen.¹ Das gegen die Kinder von Paul's gerichtete Verbot öffentlicher Aufführungen wurde demnach erst nach diesem Jahre zurückgenommen. Die Inhibirung für längere Zeit hatte ihrer Beliebtheit jedoch keinen Abbruch thun können, der Reiz der Neuheit, im Gegentheil, scheint ihnen sehr zu Hülfe gekommen zu sein, so dass sie ein zahlreiches, aus den besten Ständen zusammengesetztes Publikum herbeizogen. So erfahren wir aus „*Jack Drum's Entertainment*", welches sie im Jahre 1601 aufführten, dass man unter der gewählten, zuhörenden Gesellschaft nicht „erstickt würde von Knoblauchsgeruch, auch nicht festklebte an der bärmigen Jacke eines Bierbrauers", und dass ihr wiedererlangtes Geschick in der Schauspielkunst, welches die Zuschauer zu grossem Beifall hinrisse, sie zu der Hoffnung ihrer Wiederverwendung bei Hofe berechtigte, wären sie nur erst wieder im Besitz von Stücken, welche dem Geiste der Zeit mehr zusagten.² Für bessere

---

    So, by errour, to his fate
      They all consented;
    But viewing him since, alas, too late,
      They have repented:
    And have sought, to give new birthe,
      In bathes to steep him:
    But, being so much too good for earthe,
      Heaven vowes to keep him."
Vergl. Warton: H. E. P. III, p. 315.

1) Thom. Nash: Have with you to Saffron Walden. Or, G. Harveys Hunt is up. London 1596. Quarto. Vergl. Collier: H. E. Dr. P. I, p. 273.

2) In „*Jack Drum's Entertainment*" (Sig. H, 36) heisst es:
Sir Edward. I sawe the Children of Pawles last night,
    And troth they pleas'd me prettie, prettie well.
    The Apes in time will do it handsomely.
Planet. I' faith I like the Audience that frequenteth there,
    With much applause. A man shall not be choakte
    With the stench of Garlicke, nor be pasted
    To the barmy jacket of a Beer-brewer.
Brabant, Ju. 'Tis a good gentle Audience, and I hope the Boyes
    Will come one day into the Courte of Requests.
Brabant, Sig. Ay, and they had good playes, but they produce
    Such muslie fopperies of antiquitie

dramatische Stücke als blosse „*musty fopperies of antiquity*" sorgten denn auch bald Dichter wie Marston, Decker, Ben Jonson, Chapman u. s. w. reichlich. So spielten sie im Jahre 1602 zwei von Marston verfasste Tragödien, „*Antonio and Mellida*" und „*Antonio's Revenge*."

Es kann nicht auffallen, wenn das hohe Ansehn und die grosse Beliebtheit beider, der Kinder der Kapelle und der von Paul's, den Neid und die Missgunst der übrigen, aus erwachsenen Mitgliedern bestehenden Schauspielergesellschaften erweckte; verwundern aber muss es, und es ist das ein um so deutlicheres Zeichen für die beispiellosen und nie geahnten Erfolge des Kindertheaters, wenn selbst der grosse Shakespeare an diesem Neide Antheil nimmt, ja endlich zu einer derben Zurechtweisung der Kinder schreitet. Sein Groll gegen dieselben giebt sich unverkennbar kund schon in der ersten Hamlet-Quarto von 1603, wo Gilderstone den Grund des Verlustes des früheren Rufes der „*Trage-*

As do not sute humorous ages backs
With cloathes in fashion.

Vergl. Elze: W. Shakespeare, p. 255.

Auffällig ist es, dass trotz der Auserlesenheit des Publikums das Paul's-Theater seinen früheren Eintrittspreis von 4 d., zu welcher Höhe derselbe bei Gelegenheit der Aufführung der Marprelate-Stücke angegeben wurde, jetzt auf 2 d. erniedrigt hat. Das entnehmen wir wenigstens aus dem Epilog von Decker's „*Satiromastix*", welches die Kinder von Paul's 1602 (Titelblatt der Quarto von 1602) aufführten. In diesem Epiloge spricht Tucca von der Zuhörerschaft als „*Two penny tenants*" und giebt der Hoffnung Raum, dieselbe für „*two pence a piece again*" wieder zu sehen.

Im Anschluss hieran ist über die Zeit der Aufführungen zu bemerken, dass die Kinder von Paul's von der gewöhnlichen Zeit des Auftretens anderer Truppen, welches um 3 Uhr Nachmittags (Collier: H. E. Dr. P. III, p. 180) seinen Anfang nahm, abwichen. Sie begannen erst um 4 Uhr und schlossen vor 6. Das scheint wenigstens aus einer von William Percy seinem Stücke „*Necromantes*" angehängten, nach Collier (H. E. Dr. P. III, p. 181) folgendermassen lautenden Notiz hervorzugehen:

„*Memorandum, that if any of the fine and foremost of there Pastorals and Comoedyes conteyned in this volume, shall but overeach in length (the children not to begin before foure, after prayers, and the gates of Powles shutting at six) the tyme of supper, that then in tyme and place convenient, you do let passe some of the songs, and make the consort the shorter, for I suppose these plaies be somewhat too long for that place*" etc.

dians of the Cittie" in einer „*nouelty*", nämlich dem Kindertheater sieht, dem sich das Publikum mit Vorliebe zugewendet hätte. Die bis zum Jahre 1603 nun öffentlich auftretenden Kindertruppen waren die Kinder von Paul's, und, wenn wir nach ihrer Aufführung des Endymion im Blackfriars-Theater zu dieser Annahme berechtigt sind, die Kapellknaben. Die Anspielung der Quarto von 1603 kann sich also entweder nur auf die Kinder von Paul's beziehen, oder sie geht auf beide. Anders schon ist es mit der Quarto von 1604; die Anspielung auf die „*late innovation*" als Grund der „*Inhibition*" der „*Tragedians of the City*" bezieht sich offenbar auf die thatsächliche Errichtung einer neuen Kindertruppe, nämlich der „*Children of the Revels*" im ersten Jahre der Regierung Jakobs I.

Vielleicht in Folge der immer mehr an Raum gewinnenden puritanischen Gesinnung nämlich, welche die schauspielerische Bethätigung der Chorknaben mit ihrem eigentlichen Berufe nicht in Einklang zu bringen wusste, in ersterer vielmehr eine Entweihung des letzteren erblickte, traten die Kinder von Paul's, deren nur noch bis zum Jahre 1608 Erwähnung gethan wird, ebenso zurück wie die Kapellknaben, welche, jetzt unter der Leitung von Nath. Giles,[1] der im Jahre 1604 zur Aufnahme neuer Kinder ermächtigt wurde,[2] sich öffentlich wohl gar nicht mehr zeigten, sondern nur bei Hofe, und auch da nur selten. Sie wurden eben ersetzt durch die „*Children of the Revels*."

Diese Truppe, welche im Jahre 1604 von vier Männern, Edw. Kirkham, zu gleicher Zeit „*Master of the Children of Paul's*",[3] Alexander Hawkins, Thom. Kendall und Rob. Payne auf Grund einer ihnen vom Könige Jakob I. gewordenen Vollmacht, behufs Erheiterung seiner Gemahlin, gebildet wurde, trat von jetzt ab in den Vordergrund, indem sie zu gleicher Zeit als öffentliche Schauspielertruppe des Black-

---

1) Chalmers: An Apology etc., p. 367.
2) Collier: H. E. Dr. P. I, p. 348; aus einem M. S. im Chapter-house, Westminster.
3) Cunningham: Extracts etc., p. XXXVIII.

friars-Theaters urkundlich bestätigt wurde.[1] Für die Absicht, sie eine ganz besonders lebhafte Thätigkeit entfalten zu lassen, spricht die Thatsache der Bestallung eines besonderen „*Master of the Revels*" für sie, in der Person des in hohem Ansehen stehenden Dichters Samuel Daniel, dem es obliegen sollte, die durch die Kinder aufzuführenden Stücke einer genauen Prüfung zu unterwerfen und eine Auswahl der besten zu treffen.

Bei der Begünstigung nun der „*Children of the Revels*" von Seiten des Hofes erwarben sie sich im Fluge auch die Vorliebe des Publikums. Schon im Jahre 1604 liess T. Midd-

---

1) Auf Grund der besonderen Wichtigkeit dieses Dokuments, welches in seiner thatsächlichen Autorisirung des Kindertheaters als öffentliches Theater einen Wendepunkt in der Geschichte desselben bezeichnet, um so mehr als es ihm auch einen besonderen „*Master of the Revels*" zuertheilt, halten wir es für am Platze, dasselbe hier vollständig wiederzugeben. Leider dürfen wir auf die Echtheit dieser von Collier aus dem Chapter-house, Westminster, ans Tageslicht gezogenen Urkunde nicht allzusehr bauen. Dieselbe lautet (H. E. Dr. P. I, p. 340) wie folgt:

„*James, by the grace of God; etc. To all Maiors, Sheriffs, Justices of peace, Bailiffs, Constables, and to all other our officers, mynisters and loving subjects, to whom these presents shall come, greeting. Whereas the Queene, our deerest wife, hath for her pleasure and recreation, when she shall thinke it fitt to have any Playes or shewes, appointed her servants, Edward Kirkham, Alexander Hawkins, Thomas Kendall, and Robert Payne to provide and bring up a convenient number of children, who shalbe called Children of her Revells. Know ye, that we have appointed and authorized, and by these presents doe authorize and appoint the said E. Kirkham etc., from tyme to tyme to provide, keep and bring up a convenient number of children, and them to practise and exercise in the quallitie of playing, by the name of Children of the Revells to the Queene, within the Blackfryers in our Cittie of London, or in any other convenient place where they shall thinck fitt forthat purpose. Wherefore we will and commaund you, and every of you, to whom it shall apperteyne, to permitt her said servants to keepe a convenient number of Children by the name of the Children of her Revells, and them to exercise in the quallitie of playing according to her pleasure. Provided always, that no such Playes or Shewes shall be presented before the said Queene our wife by the said children, or by them any where publickly acted, but by the approbation and allowance of Samuel Daniell, whom her pleasure is to appoint for that purpose etc. Given under our signet at our honor of Hampton Courte, the thirtieth day of January in the first yere of our raigne, etc.*"

leton in seiner kurzen Abhandlung „*The Ant and the Nightingale*", 1604, Quarto,[1] einen stutzerhaften Studenten der Rechte das Geständniss ablegen, dass er gelegentlich im Blackfriars-Theater vorspräche, wo man ein „*nest of boys*" sehen könnte „*able to ravish a man.*" Wunderbar aber ist es und schwer begreiflich, wie die „*Children of the Revels*" plötzlich eine oppositionelle Stellung gegen die übrigen Theater einnehmen konnten. Fast scheint es, als hätten unreife Dichter, nachdem ihre schlechten dramatischen Erzeugnisse, welche andere Schauspielergesellschaften nicht für werth hielten auf die Bühne zu bringen, und die bei der Truppe des Königs, der ja Shakespeare angehörte, erst recht keinen Anklang fanden, ihre Abnehmer in den „*Children of the Revels*" gefunden, und als wären sie dann von da ab in ihren Schauspielen mit rücksichtslosem Kampf gegen die übrigen Truppen vorgegangen, um ihren Rachedurst gegen sie zu befriedigen. Schmähstücke sehr zweifelhaften Werthes, wahrscheinlich auch lärmend-polternden Inhalts, konnten dem geringen Bildungsgrade des grossen Publikums nur willkommen sein; dass es jenen Dichtern aber auch gelang, den aus Erwachsenen bestehenden Schauspielertruppen selbst die feinere Gesellschaft zu entfremden, indem sie hochgestellte Personen, wenn sie versuchten, diesen treu zu bleiben, in ihren Stücken nun selbst mit satirischen Bosheiten überhäuften, musste Shakespeare gegen sie, die verkehrte Geschmacksrichtung des Publikums, vor Allem aber gegen die Kinder selbst erbittern, um so mehr, als sie seiner Truppe auf den eigenen Brettern derselben eine so bedeutende Concurrenz machten. Die scharfe Zurechtweisung, mit der er nunmehr gegen sie zu Felde zog,[2]

---

1) Vergl. Collier: H. E. Dr. P. III, p. 91.

2) Diese Zurechtweisung, welche Shakespeare offenbar um diese Zeit dem Manuscript seines Hamlet (Act II, scene II) hinzufügte, die aber erst in die Folio von 1623 aufgenommen wurde, lautet:

Rosencrans: „*Nay, their indeauour* (nämlich der *Tragedians of the City*) *keepes in the wonted pace; But there is Sir an ayrie of Children, little Yases, that crye out on the top of question; and are most tyrannically clap't for't: these are now the fashion, and so be-ratled the common Stages (so*

ist daher „vollständig gerechtfertigt, ja sie erscheint fast im Lichte der Nothwehr."[1]

Offenbar gingen nun die „*Children of the Revels*" noch einen Schritt weiter; wie die Kinder von Paul's früher Marprelate verhöhnten, brachten jene nunmehr Schauspiele auf die Bühne, welche sich gegen König, Staat und Behörden richteten. Bekannt zwar von solchen Stücken ist nur das 1605 von ihnen aufgeführte, von Marston, Jonson und Chapman verfasste „*Eastward Hoe!*", worin Seagul's leichte Satire (Act III, scene I) auf die Schotten einen Angriff zugleich auf den König schottischer Nationalität birgt, und wo man (Act IV, scene I) seine bestechliche Habsucht, welche bei der Verleihung der Ritterwürde zu Tage trat, in den Worten „*thirty pound knights*" offen kritisirt.[2] Dass sie ausser „*Eastward Hoe!*", dessen Aufführung eine kurze Zeit der Ungnade nur für die Verfasser zur Folge hatte,[3] noch andere Stücke dieser Art zur Schau brachten, bestätigen die Worte von Thomas Heywood, wonach man einen staatsgefährlichen oder gegen hochgestellte Persönlichkeiten gerichteten Text in den Mund von Kindern um so eher legen zu können glaubte, als er so weniger anzüglich und unverfänglicher klänge.[4]

---

they call them) that many wearing Rapiers, are affraid of Goose-quills, and dare scarce come thither.

Hamlet: What are they Children? Who maintains 'em? How are they escoted? Will they pursue the Quality no longer than they can sing? Will they not say afterwards if they should grow themselves to common Players (as it is like most if their meanes are no better) their Writers do them wrong, to make them exclaim against their owne Succession" etc.

1) Elze: W. Shakespeare, p. 255.
2) Vergl. Collier: H. E. Dr. P. I, p. 343.
3) The Works of Ben Jonson, with Notes critical and explanatory, and a biographical Memoir by W. Gifford; 1875; I, p. CXXIV.
4) Thomas Heywood's in seiner „*Apology for Actors*", 1612, Quarto niedergelegten Worte, die sich ohne Zweifel auf diese Zeit beziehen, lauten:

„*Now to speak of some abuse lately crept in to the quality, as an inweighing against the state, the court, the law, the city and their governments, with the particularizing of private men's humours, yet alive, noblemen and others, I know it distastes many; neither do I any way approve it, nor dare by any means excuse it. The liberty which some arrogate to them-*

Solches Erdreisten der Kinder hatte denn auch im Jahre 1609 die Ungnade Kirkham's und Genossen,[1] und, wenn wir uns auf eine Anspielung der „*Comedy*" im Epilog zu Mucedorus beziehen dürfen, auch die Inhibirung der „*Children of the Revels*", wenigstens für kurze Zeit, zur Folge.[2] Bald darauf jedoch, in demselben Jahre 1609, erhielten sie einen neuen Director in der Person des bedeutenden Musikers Philip Rosseter, welcher, nachdem er mit ihnen als „*Children of the Blackfriars*" Ben Jonson'sche Stücke in jenem Jahre aufgeführt,[3] sie auf eindringliche Vorstellungen vielleicht der Shakespeare'schen Truppe, vom Blackfriars- nach dem Whitefriars-Theater hinüberführte.

Die Thätigkeit, die sie hier, besonders kurz nach ihrer Uebersiedlung entfalteten, darf nicht gering angeschlagen werden; für ihren Eifer spricht zum Mindesten die Aussage Deckers, der in seiner seltenen Schrift „*The Raven's Almanack*" 1609 unter der Abtheilung „*Autumn*" einen harten Kampf prophezeit, welcher durch die gegenseitige Concurrenz dreier Schauspielergesellschaften, offenbar der „*King's*

---

selves, committing their bitterness and liberal invectives against all estates to the mouths of Children supposing their juniority to be a privilege for any railing, be it never so violent, I could advise all such to curb and limit this presumed liberty within the bands of discretion and government" etc.

Vgl. Shakespeare's Works, ed. Steevens, Anmerkungen zu Hamlet, Act II, sc. II und Collier: H. E. Dr. P. I, p. 272.

1) An ihre Stelle wird nämlich in diesem Jahre Philip Rosseter gesetzt, wie aus einem, letzterem 1615 verliehenen Patent zu ersehen ist. — Collier: H. E. Dr. P. I, p. 381.

2) Auf die der Quarto des Mucedorus von 1609 erst hinzugefügte und von Envy im Epilog ausgesprochene Bemerkung, dass die Shakespeare'sche Truppe (*„His highnes' Servants"*) Stücke mit „*dark sentences*" zur Schau bringen würde, welche sie (Envy) berechtigte, jene Truppe bei einem „*puissant magistrate*" anzuklagen, entgegnet Comedy:
Ha, ha, ha! I laugh to hear thy folly!
This is a trap for boys, not men etc.
Vergl. Collier: H. E. Dr. P. I, p. 355.

3) Auf dem Titelblatt der Quarto von Ben Jonson's „*Case is altered*" 1609 werden die Children of the Revels — „*the Children of the Blackfriars*" genannt.

servants", der „*Queen's servants*" und der „*Children of the Revels*" hervorgerufen werden würde.[1] Für die Erfolge der letzteren bürgt übrigens der Name eines Nath. Field, der, nachdem er während des Auftretens der „*Children of the Revels*" im Blackfriars-Theater unter diesen mitgewirkt, sich auch im Jahre 1612 noch, wo sie sein „*A Woman is a Weathercock*" im Whitefriars-Theater zur Schau brachten, in ihrer Mitte befand.[2]

Die Thätigkeit der „*Children of the Revels*" auf den Brettern zu Whitefriars scheint jedoch zu beschränkt, die Gelegenheit zu öffentlichem Auftreten bald sehr selten gewesen zu sein. Um dem sich hieraus ableitenden Uebelstande der Verringerung ihres schauspielerischen Geschicks, welchen die Königin bei ihren Hofvorstellungen empfunden haben mochte, abzuhelfen, verlieh der König daher Philip Rosseter nebst drei Anderen die Vollmacht zum Ankauf bedeutender, einer Lady Saunders gehöriger Grundstücke in der Umgebung von Blackfriars für den Aufbau eines neuen, ausser von den Schauspielern des Prinzen und der Lady Elizabeth, besonders von den Kindern zu benutzenden Schauspielhauses, „*for the better practizing and exercise of the Children of the Revels to the solace of our most deare wife.*"[3] Die Unternehmer begannen in der That den Bau

---

1) Es heisst da: Another civil war do I find will fall between players...... A deadly war between these three houses will, I fear, burst out like thunder and lightning. — Vergl. Collier: H. E. Dr. P. I, p. 360.

2) Nath. Field, der wegen hoher schauspielerischer Begabung jedenfalls aus der Mitte der Kapellknaben unter die „*Children of the Revels*" versetzt worden, auch schon wegen des anzunehmenden Wechsels seiner Stimme zum Kapelldienst unfähig war, wird in der Quarto von 1609 der durch die „*Children of the Revels*" aufgeführten Ben Jonson'schen „*Epicoene*", als einer der „*Principal Comedians*" genannt. Dass er trotz seiner 22 Jahre noch zu den „*Children of the Revels*" gezählt wurde, hatte er vielleicht seinen besonders weichen Zügen zu verdanken, welche Collier (H. E. Dr. P. III, p. 429) aus seinem zu Dulwich erhaltenen Bilde erkannt haben will, oder einer wahrscheinlich seit Bestehen der Revels-Truppe sich auch nach Chalmers (An Apology etc., p. 361 f.) vermuthlich geltend machenden Sitte der Einverleibung auch Erwachsener in jene Kindertruppe.

3) Das „*Privy Seal for a Patent*" (im Register of the Privy Council) wurde im Jahre 1615 verliehen. — Collier: H. E. Dr. P. I, p. 381 und 382.

im Herbst des Jahres 1615. Die Lage der St. Annenkirche jedoch in diesem Bezirke, für deren Gottesdienst nach der Meinung der engherzigen Citybehörden aus der Nähe eines Theaters Störungen erwüchsen, veranlasste diese zu energischem Widerstande gegen Rosseter, ja, als letzterer, für kurze Zeit nur eingeschüchtert, sich ein neues Patent erwirkte, das ihn zur Fortsetzung des Baues berechtigte, drangen sie so lange in den König, bis er ihnen die Erlaubniss gewährte, das im Januar 1616 fast vollendete Gebäude wieder abzureissen.[1] In Folge dessen wurden die „*Children of the Revels*" für einige Zeit wahrscheinlich aufgelöst. An ihrer Stelle bildete sich eine andere Kindertruppe unter John Daniel, wahrscheinlich einem Bruder des Samuel Daniel. Jener nämlich, selbst Schauspieler und bisher der Truppe des Prinzen angehörend, wurde im April des Jahres 1618 ermächtigt, „*to bring upp a Company of Children and Youthes in the quallitie of playing Interludes and Stageplaies.*"[2] Diese waren jedoch als Kindertruppe kaum irgendwie von Bedeutung, da der grössere Theil dieser Gesellschaft aus Erwachsenen bestand;[3] auch scheint der Bestand derselben ein nur vorübergehender gewesen zu sein.

Zu wirklichem Ansehen gelangte das Kindertheater wahrscheinlich erst wieder im Jahre 1622, wo einige Mitglieder der das Red Bulltheater innehabenden Gesellschaft, unter anderen Rob. Lee und Richard Perkins den Auftrag erhielten, „*to bring up Children in the qualitie and exercise of playing comedies, histories, interludes, morals, pastorals, stage-plays and such like, to be called by the name of the*

---

1) Chalmers: An Apology etc., p. 464. — Collier: H. E. Dr. P. I, p. 383.

2) Aus der „*Copie of a Cre in the behalf of John Daniell, to bring up youthes in qualitie of plaieinge of Enterludes.*" Chalmers: An Apology, p. 365; Collier: H. E. Dr. P. I, p. 395.

3) Der Bürgermeister von Exeter verbot Daniel jegliche theatralische Aufführung in diesem Orte, weil er gegen den Inhalt des ihm verliehenen Patents, in welchem nur von Knaben die Rede war, eine grösstentheils aus Erwachsenen bestehende Truppe leitete, darunter Männern von 30 bis 40, ja 50 Jahren; Knaben waren nur fünf vorhanden. — Collier: H. E. Dr. P. I, p. 396 aus einem im „*Privy Council Register*" befindlichen Briefe des Mayor von Exeter an den Sekretär des Königs, Sir Tho. Lake.

Children of the Revels."[1] Leider lassen uns die Quellen über die Thätigkeit dieser Kinder, nunmehr „*of his Majesty's Revels*", da die Königin 1618 gestorben war, fast gänzlich im Stich. Dass dieselbe aber nicht gering war, dass Kinderaufführungen sich noch immer einer grossen Beliebtheit erfreuten, geht aus der einzigen aus dieser Zeit (1627) uns überkommenen Nachricht hervor, wonach sie durch Aufführung Shakespeare'scher Stücke selbst der „*King's Company*" bedeutende Concurrenz machten.[2] Diese Periode, von 1622—1630 etwa, ist aber auch die Zeit der letzten Blüthe des englischen Kindertheaters.

Der furchtbare Gegner nämlich, der dem Theaterwesen überhaupt, dem Kindertheater aber ganz besonders im Puritanismus erwuchs, gewann mehr und mehr an Ausbreitung. Gegen die Jakob I. auf seinen Reisen begleitenden Kapellknaben, die unter der Regierung dieses Regenten ja für Hofaufführungen noch öfter verwendet wurden, nährten die Schotten den giftigsten Hass. „Wenn Christus", so heisst es nämlich, „am Tage des jüngsten Gerichts mit seinen Engeln herabsteigen werde, dann würden die Schotten fliehen und schreien: „*The Children of the Chapel are come again to torment us! Let us flee from the abomination of these boys, and hide us in the mountains.*"[3] Wie sehr puritanische Gesinnung dann später, selbst in unmittelbarer Nähe des Hofes, immer festeren Fuss fasste, wie sie sich besonders gegen die Kapellknaben als Schauspieler richtete, dafür spricht ferner die ausdrückliche Weisung, welche der Nath. Giles im Jahre 1626 von Karl I. gewordenen Ermächtigung, neue Kinder aufzunehmen, hinzugefügt wird, jene Weisung

---

1) Collier: H. E. Dr. P. I, p. 411 aus M. S. Nr. 515 in „*the Inner Temple Library.*"

2) Steevens (Anmerkungen zu Hamlet Act II, sc. II) entnimmt aus dem Office-Book Henry Herbert's, des damaligen Master of the Revels, folgendes Item: „*From Mr. Heminge, in their Company's name, to forbid the playinge of any of Shakespeare's playes, to the Red Bull Company etc.*" Steevens fügt hinzu, dass nach anderen Stellen des Office-Book die „*Children of the Revels*" die Red Bull Company ausmachten.

3) Harl. M. S. Nr. 444. Vergl. Collier: H. E. Dr. P. I, p. 391.

nämlich, „*that none of the said Choristers or Children of the Chappel, soe to be taken by force of this Commission, shalbe used or employed as Comedians or Stage-players, or to exercise or acte any Stage-plaies, Interludes, Comedies, or Tragedies*", mit der Begründung dieses Verbots, „*that it is not fitt or decent that such as should sing the praises of God Almighty should be trained or imployed in such lascivious and profane exercises.*"[1] So trug dieselbe düstere puritanische Gesinnung, welche seit der ersten Blüthe des Theaters der Kapellknaben, damals ohnmächtig knirschend, gegen dasselbe erbittert gewesen, nunmehr siegend das Kindertheater der Kapelle zu Grabe.

Derselbe Puritanismus nun war es, dem die Darstellung weiblicher Rollen durch männliche Wesen in weiblichen Kleidern äusserst verhasst, ja ein Kennzeichen der tiefsten sittlichen Verderbniss war: „*Sodomie*", so lesen wir im Inhaltsverzeichniss zu Prynne's „*Histriomastix*" (1633) „*occasioned by acting in women's apparell by wearing long compt haire and love-locks.*"[2] Da nun Knaben wahrscheinlich auf allen Bühnen die Darstellung der Frauenrollen zu übernehmen pflegten, so traf dieser Angriff gerade das Kindertheater am allerhärtesten.

Die „*Children of the Revels*" zwar erhielten dasselbe noch immer aufrecht, es wird ihrer unter William Blagrave, neben des Königs Truppe unter Taylor, der Truppe der Königin unter Beeston, der des Prinzen unter Moore und Cane, und der von Salisbury Court noch stets Erwähnung gethan,[3] als öffentliches Theater jedoch musste es sich von seinem eigenen Erwerbe erhalten, es war abhängig vom grossen Publikum. Wenn nun auch letzteres von puritanischer Gesinnung noch nicht dermassen durchdrungen war, dass es sich dadurch vom Theaterbesuch hätte abhalten lassen, so mussten ihm doch die in den dreissiger Jahren

---

[1] Collier: H. E. Dr. P. I, p. 446.
[2] Vergl. Elze: W. Shakespeare, p. 257.
[3] Im „*Register of Henry Herbert*" und in einem M. S. des „*Office of the Lord Chamberlain*" (?). Collier: H. E. Dr. P. II, p. 5 und 6.

sich wiederholt erneuernden Ausbrüche der Pest die Lust an jeglichen Vergnügungen, also auch am Theater, das ohnehin während längerer Zwischenräume geschlossen werden musste, verleiden. Die geringere Theilnahme des Publikums gab natürlich auch der Wohlfahrt des Kindertheaters einen empfindlichen Stoss, und den *„Children of the Revels"*, welche, hätten sie sich in der Eigenschaft einer wirklichen, vom Könige besoldeten Hoftruppe zu erhalten vermocht, eine Zeit der Missgunst von Seiten des Publikums hätten ertragen können, erging es somit wie jenen Pflanzen, die, aus der warmen Zone in die kalte verpflanzt, dem rauhen Einfluss der letzteren schliesslich erliegen. Was wir seit Anfang der dreissiger Jahre des XVII. Jahrhunderts von einem Kindertheater bemerken, das sind die letzten Reflexe des hohen Glanzes, von dem diese Institution vor noch nicht langer Zeit umgeben war. Von 1635 etwa ab befand sich dasselbe in fortwährenden Schwankungen, Neubildung folgte auf Auflösung, Wiederauflösung auf Neubildung. Der Auflösung der *„Children of the Revels"* im Jahre 1636, zu deren Annahme uns die Erwägung berechtigt, dass das in diesem Jahre durch die Pest veranlasste Gebot der Einstellung schauspielerischer Bethätigung sich nur gegen die übrigen, schon erwähnten vier Truppen richtete, folgte ihre Neubildung durch Christopher Beeston. Dieser übertrug die Leitung der der Königin gehörigen Truppe einem gewissen Henry Turner, gehorchte dem Befehle, *„to make a company of boys"* und *„began to play at the Cockpit with them the same day."*[1] Die kurze Zeit, während welcher die Wiedereröffnung der Theater gestattet war, scheint Beeston nun zu kurz gewesen zu sein; in Folge eines Verstosses nämlich gegen ein sich wiederholendes Verbot theatralischer Aufführungen, wurde er vor die *„Lords of the Privy Council"* citirt, jedoch wieder freigelassen, nachdem ihm besagtes Verbot von Neuem auf das Eindringlichste eingeschärft worden war.[2] Schon im August des Jahres 1639 indessen

---

1) Aus Henry Herbert's *„Office-Book"*. — Collier: H. E. Dr. P. II, p. 13.
2) Aus dem *„Privy Council Register"* (?). Collier: H. E. Dr. P. II, p. 15.

übergab er die Leitung seiner Knabentruppe, welche in einem Briefe des damaligen Lord Kammerherrn an die Stationers' Company „*the King's and Queen's young company*" genannt wird,[1] ebenso wie das Cockpittheater an seinen Bruder William Beeston.[2] Gelang es diesem nun auch, ein grosses, aus mehr als vierzig Stücken bestehendes Repertoir für die alleinige Benutzung seiner Knabentruppe zu gewinnen, ein solcher Erfolg bedeutete doch nicht mehr als ein letztes Aufflackern des Lebenslichtes des Kindertheaters vor seinem Erlöschen.[3] Immer neue Verbote, Inhibirung von Theatervorstellungen, liessen auch für die Kinder eine nur zeitweilige, alle Augenblick unterbrochene Thätigkeit zu. Im Jahre 1640 wurde ihr Leiter W. Beeston in Folge der Aufführung eines boshafte Anspielungen auf die schottische Reise des Königs enthaltenden Stückes verhaftet, ja, die Knaben selbst hatten, für kurze Zeit wenigstens, sein Schicksal zu theilen, weil sie sich erkühnt hatten, gegen jegliches Verbot dennoch zu Aufführungen zu schreiten.[4] Zwar wurden sie bald wieder in Freiheit gesetzt, eine Wiedervereinigung derselben jedoch zu einer Schauspielertruppe kam nicht mehr zu Stande: Der Bürgerkrieg zog ein ins Land, und in seinen Wirren und Schrecknissen, vor Allem im Siege des Puritanismus fand das Kindertheater sein Grab.

Die Wiederbelebung des Kindertheaters, welche einzelne Bühnen der englischen Hauptstadt in heutiger Zeit versuchen, ist ein Ausfluss blosser Liebhaberei und ohne jegliche höhere Bedeutung. Eine wirklich hervorragende und auch berechtigte Stellung in der englischen Bühnengeschichte nahm dasselbe nur ein bis zur Zeit der Revolution. Als der Geistlichkeit nämlich das Theater entrissen war, da waren Chorknaben, ebenso wie seit der Renaissance die Schulknaben und Studenten, wenn nicht die einzigen, so

---

[1] Chalmers: An Apology, p. 513.
[2] Aus einem M. S in „*the Lord Chamberlain's Office*" (?). Collier: H. E. Dr. P. II, p. 24.
[3] ibid. — Collier: H. E. Dr. P. II, p. 24.
[4] ibid. — Collier: H. E. Dr. P. II, p. 31.

doch die fähigsten Schauspieler, welche durch höhere, mittelst eines gediegenen Unterrichts ihnen eingeimpfte Bildung umherwandernde Schauspielertruppen übertreffend, sich der Entfaltung schauspielerischer Kunst am ehesten anzupassen wussten und die Idee einer Bühne am besten aufrecht erhalten konnten. Aber selbst dann, als die Bildung sich verallgemeinerte, als berufsmässige Schauspielertruppen in eigenen Schauspielhäusern auftraten, blieb das englische Kindertheater berechtigt, weil die Darstellung der Frauenrollen auch jetzt noch das Fortleben desselben nothwendig erforderte. Die Bedeutung, welche das Kindertheater durch diese Nothwendigkeit seines Fortbestandes in unseren Augen erhält, wächst, wenn wir in Erwägung ziehen, dass die Knabenchöre somit zu „Vorschulen und Pflanzstätten"[1] der Bühne werden mussten, umsomehr, als sie doch, ohne blos Darsteller weiblicher Rollen zu sein, eine äusserst rege schauspielerische Thätigkeit entfalteten, wie wir aus dem zum Schluss nunmehr folgenden Repertoir derselben, dem ohne Zweifel noch viele verloren gegangene oder nie zum Druck gekommene Stücke fehlen und dem jedenfalls auch eine Anzahl Shakespeare'scher Dramen hinzuzufügen ist, ersehen werden.

IV.
Repertoir des englischen Kindertheaters.

Da wir aus der Periode der Kindheit des Dramas überhaupt nichts Positives wissen, so darf es nicht Wunder nehmen, wenn wir die Titel der Mysterien und Mirakelspiele, welche das Repertoir des kirchlichen Kindertheaters ausmachten, ein einziges Stück ausgenommen, nicht anzugeben vermögen. Kaum besser sind wir über das Repertoir des höfischen Kindertheaters bis zum Jahre 1570 hin unter-

---

1) Elze: W. Shakespeare, p. 254.

richtet. Erst von dieser Zeit an liefern uns die „*Extracts etc.*" (?) von P. Cunningham eine genügendere Kenntniss über diesen Gegenstand. Erfahren wir zwar nicht die Namen der Verfasser, so liegen uns doch die Titel der Stücke und selbst eine genaue Zeitangabe der Aufführung derselben durch die Kinder vor. Beides, Titel der Schauspiele wie die Namen der Verfasser, bringen die Titelseiten der Quartos endlich, deren seltenste selbst uns im Brittischen Museum zur freien Benutzung zur Verfügung standen, für das Repertoir des öffentlichen Kindertheaters. Freilich lassen sie uns wieder bezüglich der genauen Zeitangabe der Aufführung der Stücke im Stich; indessen dürfen wir, wie schon Chalmers für die grössere Anzahl der uns bekannten, von den Kindern aufgeführten Schauspiele gethan,[1] vermuthungsweise das Jahr des Druckes der ersten Quarto oder doch das diesem vorhergehende als Jahr der Aufführung des betreffenden Stückes annehmen. Wo uns also das Titelblatt einer Quarto als Quelle für unsere Kenntniss der Aufführung eines Stückes durch eine der Kindertruppen gedient,[2] werden wir uns damit begnügen, das Jahr des Druckes anzugeben, vorausgesetzt, dass die Auszüge Arber's aus „*The Stationers' Company's Registers*", worin wir den Tag der „*license*" für den Druck einiger dieser Stücke verzeichnet finden, nicht eine genauere Angabe möglich machen.[3]

Es sind nun aufgeführt:

1487. „*Christ's Descent into Hell*" durch die Chorknaben von Hyde Abbey und St. Swithin's Priory.[4]

---

1) Chalmers: An Apology, p. 366 fg.

2) Auf die Titelblätter der ersten Quartos als wichtigste Quellen für unsere Kenntniss der Aufführung bestimmter Stücke durch Kinder weist auch die „*Historia Histrionica*" (S. 416 in vol. XV von Dodsley's Selection etc.) hin: *Since the Reformation in Queen Elizabeth's time, plays were frequently acted by quoristers and singing boys, and several of our old comedies have printed in the title-page ,, acted by the Children of Paul's,"* others *,, by the Children of her Majesty's chapel."*

3) Edward Arber: A Transcript of the Registers of the Company of Stationers of London. 1554—1640. London 1875.

4) Warton: H. E. P. III, p. 310.

1515. W. Cornyshe's „*Triumph of Love and Beauty*", ein Zwischenspiel, durch die Kapellknaben vor Heinrich VIII. zu Richmond.[1]

1564. R. Edwards' „*Damon and Pythias*", eine Tragikomödie durch die Kapellknaben vor Elisabeth.[2]

1571. „*Effiginia*", durch die Kinder von Paul's am Abend des Tages der Unschuldigen vor Elisabeth.[3]

1572. „*Aiax and Ulisses*" durch die Kinder von Windsor am Neujahrsabend.[4]

„*Narciss*" durch die Kapellknaben am Abend des Dreikönigstages.[5]

„*Paris and Vienna*" durch die Kinder von Westminster am Fastnachts-Abend.[6]

1573. „*Alkmeon*" durch die Kinder von Paul's am Abend des hlg. Johannistages zu Whitehall.[7]

„*Timoclia at the Sege of Thebes by Alexander*" durch Mulcaster's Knaben zu Hampton Court.[8]

1574. „*Truth, Faithfulness and Mercye*" durch die Kinder von Westminster am Neujahrs-Abend.[9]

„*Quint Fabi*" durch die Kinder von Windsor am Abend des Dreikönigstages.[10]

1575. „*Percius and Anthomiris*" durch Mulcaster's Knaben am Fastnachts-Abend.[11]

1576. „*The History of Error*" durch die Kinder von Paul's am Neujahrs-Abend zu Hampton Court.[12]

---

1) Warton: H. E. P. III, p. 291.
2) ibid. IV, p. 214.
3) P. Cunningham: Extracts etc. (?); p. 13.
4) ibid.
5) ibid.
6) ibid.
7) ibid.; p. 51.
8) ibid.; p. 62.
9) ibid.
10) ibid.
11) ibid.; p. 68.
12) ibid.; p. 102.

1576. „*The History of Mucius Scaevola*" durch die Kinder von Windsor und die Kapellknaben am Abend des Dreikönigstages zu Hampton Court.[1]
„*The History of Titus and Gissipus*" durch die Kinder von Paul's am Fastnachts-Abend zu Whitehall.[2]

1577. „*The History of* ....." durch die Kapellknaben am Abend des hlg. Johannistages zu Richmond.[3]

1578. „*The Marriage of Mind and Measure*" durch die Kinder von Paul's am Sonntag nach Neujahr.[4]
„*The History of Loyaltie and Bewtie*" durch die Kapellknaben am Fastnachts-Abend.[5]

1579. „*A History of Alucius*" am Abend des hlg. Johannistages.[6]
„*The History of Cipio African*" durch die Kinder von Paul's am Sonntag Abend nach Neujahr.[7]

1580. „*A Story of Pompey*" durch die Kinder von Paul's am Abend des Dreikönigstages.[8]
„*A Story of* ....." durch die Kapellknaben am Fastnachtsabend.[9]

1581. „*A Comedy or Morall*" durch die Kapellknaben am Abend des St. Stephantages zu Windsor.[10]

1582. „*A History of Ariodante and Genoura*" durch Mulcaster's Knaben am Fastnachts-Abend.[11]

1584. George Peel's „*The Arraignment of Paris*", ein dramatisches Hirtengedicht, durch die Kapellknaben.[12]

---

1) ibid.
2) ibid.; p. 114.
3) ibid.; p. 125.
4) ibid.; p. 142.
5) ibid.
6) ibid.; p. 154.
7) ibid.; p. 155.
8) ibid.; p. 167.
9) ibid.; p. 168.
10) ibid.; p. 176.
11) ibid.; p. 177.
12) J. Halliwell: A Dictionary of old English Plays; 1860. p. 23.

1584. Lilly's „*Alexander and Campaspe*" (Quartos von 1584 und 1594 nur „*Campaspe*") durch die Kapellknaben und die Kinder von Paul's am Abend des Dreikönigstages.[1]

1585. „*The History of Agamemnon and Ulysses*" durch die Knaben des Grafen von Oxford am Abend des Dreikönigstages vor der Königin zu Greenwich.[2]

1591. Lilly's „*Endymion*" durch die Kapellknaben.[3]

1592. Lilly's „*Midas*" durch die Kapellknaben.[4]

1594. „*The Warres of Cyrus, King of Persia, against Antiochus, King of Assyria, with the tragical End of Anthaea*" durch die Kapellknaben.[5]

Marlowe's und Nash's „*Dido, Queen of Carthage*" durch die Kapellknaben.[6]

Lilly's „*Mother Bombie*" durch die Kapellknaben.[7]

1600. Lilly's „*The Maid's Metamorphosis*" durch die Kinder von Paul's.[8] License am 24. Juli 1600.[9]

Ben Jonson's „*Cynthia's Revels*" or „*The Fontain of Self-Love*" durch die Kapellknaben.[10]

„*The Wisdom of Dr. Dodipole*" durch die Kinder von Paul's.[11] License am 7. October 1600.[12]

1601. „*Jack Drum's Entertainment*" or „*The Comedy of Pasquil and Catherine*" durch die Kinder von Paul's.[13] License am 23. October 1600.[14]

---

1) Quarto.
2) Cunningham: Extracts etc.; p. 177.
3) Quarto.
4) Quarto.
5) Halliwell: Dictionary etc.; p. 267.
6) ibid.; p. 74.
7) Quarto.
8) Quarto.
9) Arber: A Transcript etc. III, p. 62b.
10) Quarto.
11) Halliwell: Dictionary etc.; p. 273.
12) Arber: A Transcript etc. III, p. 65b.
13) Quarto.
14) Arber: A Transcript etc. III, p. 66.

1601. Lilly's „*Love's Metamorphosis*" durch die Kinder von Paul's und die Kapellknaben.[1] License am 25. November 1600.[2]

1602. J. Marston's „*Antonio's Revenge*" or „*The second Part of Antonio and Mellida*" durch die Kinder von Paul's.[3]
T. Middleton's „*Blurt, Master Constable*" or „*The Spaniard's Night-Walk*" durch die Kinder von Paul's.[4]
W. Percy's „*Necromantes*" or „*The Two supposed Heads*" durch die Kinder von Paul's.[5]
Ben Jonson's „*Poetaster*" or „*The Arraignment*" durch die Kapellknaben im Blackfriars-Theater.[6] License am 21. December 1601.[7]
T. Decker's „*Satiro-Mastix*" or „*The Untrussing of the Humorous Poet*" durch die Kinder von Paul's.[8] License am 11. November 1601.[9]

1605. J. Marston's „*The Dutch Courtezan*" durch die Children of her Majesty's Revels im Blackfriars-Theater.[10] License am 26. Juni 1605.[11]
J. Marston's „*Eastward Hoe!*" durch die Children of her Majesty's Revels im Blackfriars-Theater.[12] License am 4. September 1605.[13]
J. Marston's „*The Wonder of Women*" or „*The Tragedy of Sophonisba*" durch die Children of the Revels im Blackfriars-Theater.[14] License am 17. März 1606.[15]

---

1) Quarto.
2) Arber: A Transcript etc. III, p. 66[b].
3) Quarto.
4) Quarto.
5) Halliwell: Dictionary etc.; p. 178.
6) Quarto.
7) Arber: A Transcript etc. III, p. 77[b].
8) Quarto.
9) Arber: A Transcript etc. III, p. 76.
10) Quarto.
11) Arber: A Transcript etc. III, p. 125.
12) Quarto.
13) Arber: A Transcript etc. III, p. 128[b].
14) Quarto.
15) Arber: A Transcript etc. III, p. 136[b].

1606. J. Daye's „*The Isle of Gulls*" durch die Children of the Revels im Blackfriars-Theater.[1]

G. Chapman's „*Monsieur d' Olive*" durch die Children of the Revels im Blackfriars-Theater.[2]

J. Marston's „*Parasitaster*" durch die Children of the Revels im Blackfriars-Theater.[3] License am 12. März 1606.[4]

„Sir Gyles *Goose-Cappe-Knight*" durch die Kapellknaben.[5] License am 10. Januar 1606.[6]

1607. J. Fletcher's „*The Woman Hater*" durch die Kinder von Paul's.[7] License am 20. Mai 1607.[8]

T. Middleton's „*Michaelmas Terme*" durch die Kinder von Paul's.[9] License am 15. Mai 1607.[10]

„*The Puritan*" or „*The Widow of Watling-Street*" durch die Kinder von Paul's.[11] License am 6. August 1607.[12]

T. Decker's und J. Webster's „*Westward Hoe!*" durch die Kinder von Paul's.[13]

Edward Sharpham's „*The Fleire*" durch die Children of the Revels im Blackfriars-Theater.[14] License am 13. Mai 1606.[15]

1608. „*The five Witty Gallants*" durch die Kapellknaben.[16] License am 22. März 1608.[17]

---

1) Quarto.
2) Quarto.
3) Quarto.
4) Arber: A Transcript etc. III, p. 136[b].
5) Quarto.
6) Arber: A Transcript etc. III, p. 133.
7) Quarto.
8) Arber: A Transcript etc. III, p. 153.
9) Quarto.
10) Arber: A Transcript etc. III, p. 153.
11) Halliwell: Dictionary; p. 203.
12) Arber: A Transcript etc. III, p. 157[b].
13) Quarto.
14) Quarto.
15) Arber: A Transcript etc. III, p. 139.
16) Halliwell: Dictionary etc.; p. 98.
17) Arber: A Transcript etc. III, p. 164[b].

1608. T. Middleton's „*Phoenix*" durch die Kinder von Paul's.[1] License am 9. Mai 1607.[2]

G. Chapman's „*Bussy d'Ambois*" durch die Kinder von Paul's.[3] License am 3. Juni 1607.[4]

T. Decker's und J. Webster's „*Northward Hoe!*" durch die Kinder von Paul's.[5] License am 6. August 1607.[6]

„*Cupid's Whirligig*" durch die Children of the Revels.[7] License am 29. Juni 1607.[8]

Markham's „*The Dumbe Knight*" durch die Children of the Revels.[9] License am 6. October 1608.[10]

J. Day's „*Humour out of Breath*" durch die Children of the Revels.[11] License am 12. April 1608.[12]

„*A Mad World my Masters*" durch die Kinder von Paul's.[13] License am 4. October 1608.[14]

T. Middleton's „*A Trick to Catch the Old one*" durch die Kinder von Paul's und die Children of the Revels.[15] License am 7. October 1607.[16]

T. Middleton's „*The Famelie of Love*" durch die Children of the Revels.[17] License am 12. October 1607.[18]

---

1) Quarto.
2) Arber: A Transcript etc. III, p. 152 ᵇ.
3) Quarto.
4) Arber: A Transcript etc. III, p. 153 ᵇ.
5) Quarto.
6) Arber: A Transcript etc. III, p. 157 ᵇ.
7) Halliwell: Dictionary etc.; p. 67.
8) Arber: A Transcript etc. III, p. 155 ᵇ.
9) Quarto.
10) Arber: A Transcript etc. III, p. 174 ᵇ.
11) Quarto.
12) Arber: A Transcript etc. III, p. 165 ᵇ.
13) Halliwell: Dictionary etc.; p. 160.
14) Arber: A Transcript etc. III, p. 174.
15) Quarto.
16) Arber: A Transcript etc. III, p. 158 ᵇ.
17) Quarto.
18) Arber: A Transcript etc. III, p. 158 ᵇ.

1608. J. Day's „*Law Tricks*" or „*Who would have thought it?*" durch die Children of the Revels.[1] License am 28. März 1608.[2]

1609. Ben Jonson's „*His Case is Altered*" durch die Kinder von Blackfriars, d. h. der Revels.[3] License am 26. Januar 1609.[4]

Rob. Armin's „*Two Maids of More Clacke, with the Life and Lingle Maner of John in the Hospital*" durch die Children of the Revels.[5]

1611. Lodowick Barrey's „*Ram Alley*" or „*Merry Tricks*" durch die Children of the Revels.[6] License am 9. November 1610.[7]

1612. Nath. Field's „*A Woman is a Weathercock*" durch die Children of the Revels vor der Königin zu Whitehall und im Whitefriars-Theater.[8]

1615. Beaumont's und Fletcher's „*Cupid's Revenge*" durch die Children of the Revels.[9]

1620. Ben Jonson's „*The Silent Woman*" durch die Children of the Revels.[10] License am 20. September 1610.[11]

1632. Mason's „*Mullcasses the Turk and Borgias, Governour of Florence*" durch die Children of his Majesty's Revels.[12] License am 22. Juni 1631.[13]

1633. W. Rowley's „*A Match at Midnight*" durch die Children of the Revels.[14] License am 15. Januar 1632.[15]

---

1) Quarto.
2) Arber: A Transcript etc. III, p. 164ᵇ.
3) Quarto.
4) Arber: A Transcript etc. III, p. 178ᵇ.
5) Quarto.
6) Halliwell: Dictionary etc. III, p. 206.
7) Arber: A Transcript etc. III, p. 202ᵇ.
8) Quarto.
9) Quarto.
10) Quarto.
11) Arber: A Transcript etc. III, p. 200ᵇ.
12) Quarto.
13) Arber: A Transcript etc. IV, p. 222.
14) Quarto.
15) Arber: A Transcript etc. IV, p. 265.

Vita.

Natus sum, Hermannus Alexander Albrecht in vico Saxo-Borusso, cui nomen Zitz inditum est, die XI mensis Martis anni MDCCCLX, patre Ferdinando, praematura morte mihi erepto, matre Luisa e gente Herfurt, quam summa cum pietate colo. Fidei addictus sum evangelicae. Literarum elementis in schola publica imbutus Brandeburgii per novem annos et sex menses gymnasium reale frequentavi. Maturitatis testimonium adeptus ineunte vere a. h. s. LXXIX universitatis Berolinensis philosophorum ordini adscriptus, in studium linguarum recentium et geographiae incumbere coepi scholisque interfui prof. doct. Gaspary, Geiger, Harms, Kiepert, Lasson, Müller, Schmidt, Tobler, Zupitza. Duo vero semestria Berolini versatus, in Helvetiam Franco-Gallicam me contuli, ubi in numerum civium Academiae Genavensis receptus sum. Postquam scholas virorum clarissimorum Humbert, Marc-Monnier, Ritter, per duo semestria frequentavi, studia in universitate Halensi persecutus sum, ubi lectiones virorum doctissimorum Aue, Elze, Haym, Keil, Kirchhoff, Lehmann, Suchier, Thiele, Wardenburg, per duo semestria audivi. Tum vere ineunte a. h. s. LXXXII in Britanniam transii ibique per quinque menses sermoni Anglico quam optime discendo operam dedi. In Germaniam reversus, ut studia academica ad finem perducerem, Halas redii. Benevolentia Caroli Elze mihi contigit, ut seminarii anglici per unum semestre essem sodalis.

Viris illis, quos nominavi cum omnibus tum maxime C. Elze gratias quam maximas et nunc ago et semper habebo.